中国通信学会5G+行业应用培训指导用书

5G+智慧交通

中国产业发展研究院　组编

主　编　郭　健　刘红杰
副主编　韩　镝　张　欣
参　编　王　晨　孙雨奇
　　　　徐　越　徐　亮
主　审　王方刚

机械工业出版社

本书作为"中国通信学会5G+行业应用培训指导用书"之一，针对智慧交通产业的现状及发展趋势，结合5G应用进行了讨论。全书共6章，分别对5G技术的来龙去脉及引发的社会变革，智能交通到智慧交通的发展趋势，车联网、自动驾驶与5G的结合，5G赋能智慧交通的典型场景，智慧物流技术与生态，智慧交通的机遇与挑战进行了较为系统的讲解。

本书可作为面向行业用户、侧重专业领域的培训用书，期望达到"深入"5G之道、普及原理知识，"浅出"5G案例、指导实际工作的目的，使读者通过对本书的学习在5G理论和实践两方面均能受益。

图书在版编目（CIP）数据

5G+智慧交通／中国产业发展研究院组编；郭健，刘红杰主编．—北京：机械工业出版社，2021.6（2025.7重印）
（中国通信学会5G+行业应用培训指导用书）
ISBN 978-7-111-68425-1

Ⅰ.①5… Ⅱ.①中… ②郭… ③刘… Ⅲ.①第五代移动通信系统-应用-公路运输-交通运输管理-研究 Ⅳ.①U495

中国版本图书馆CIP数据核字（2021）第110863号

机械工业出版社（北京市百万庄大街22号 邮政编码100037）
策划编辑：陈玉芝 张雁茹 责任编辑：陈玉芝 张雁茹
责任校对：王 欣 责任印制：张 博
固安县铭成印刷有限公司印刷
2025年7月第1版·第2次印刷
184mm×240mm·13.5印张·194千字
标准书号：ISBN 978-7-111-68425-1
定价：69.00元

电话服务 网络服务
客服电话：010-88361066 机 工 官 网：www.cmpbook.com
　　　　　010-88379833 机 工 官 博：weibo.com/cmp1952
　　　　　010-68326294 金 书 网：www.golden-book.com
封底无防伪标均为盗版 机工教育服务网：www.cmpedu.com

中国通信学会 5G+行业应用培训指导用书
编审委员会

总 顾 问 艾国祥

主 任 委 员 史卓琦

副主任委员 鲍　泓　刘大成　梁军平　邓海平

策 划 人 李晋波　陈玉芝

编 写 组 （按姓氏笔画排名）

于志勇　王　丽　王　晨　王文跃　方　林　朱建海　刘　凡
刘　涛　刘红杰　刘沐琪　刘海涛　刘银龙　齐　悦　孙雨奇
李　婷　李振明　李翔宇　李婷婷　杨　旭　肖　巍　何　杰
张　欣　张　程　陈海波　周　辉　赵媛媛　郝　爽　段云峰
段博雅　姜雪松　洪卫军　贺　慧　耿立茹　徐　亮　徐　越
郭　健　龚　萍　盛凌志　崔　强　梁　杰　葛海霞　韩　镝
曾庆峰　籍　东

序 一

以 5G 为代表的新一代移动通信技术蓬勃发展，凭借高带宽、高可靠低时延、海量连接等特性，其应用范围远远超出了传统的通信和移动互联网领域，全面向各个行业和领域扩展，正在深刻改变着人们的生产生活方式，成为我国经济高质量发展的重要驱动力量。

5G 赋能产业数字化发展，是 5G 成功商用的关键。2020 年被业界认为是 5G 规模建设元年。尽管有新冠肺炎疫情影响，但是我国 5G 发展依旧表现强劲，5G 推进速度全球领先。5G 正给工业互联、智能制造、远程医疗、智慧交通、智慧城市、智慧政务、智慧物流、智慧医疗、智慧能源、智能电网、智慧矿山、智慧金融、智慧教育、智能机器人、智慧电影、智慧建筑等诸多行业带来融合创新的应用成果，原来受限于网络能力而体验不佳或无法实现的应用，在 5G 时代将加速成熟并大规模普及。

目前，各方正携手共同解决 5G 应用标准、生态、安全等方面的问题，抢抓经济社会数字化、网络化、智能化发展的重大机遇，促进应用创新落地，一同开启新的无限可能。

正是在此背景下，中国通信学会与中国产业发展研究院邀请众多资深学者和业内专家，共同推出"中国通信学会 5G+行业应用培训指导用书"。本套丛书针对行业用户，深度剖析已落地的、部分已有成熟商业模式的 5G 行业应用案例，透彻解读技术如何落地具体业务场景；针对技术人才，用清晰易懂的语言，深入浅出地解读 5G 与云计算、大数据、人工智能、区块链、边缘计算、数据库等技术的紧密联系。最重要的是，本套丛书从实际场景出发，结合真实有深度的案例，提出了很多具体问题的解决方法，在理论研究和创新应用方面做了深入探讨。

这样角度新颖且成体系的 5G 丛书在国内还不多见。本套丛书的出版，无疑是为探索 5G 创新场景，培育 5G 高端人才，构建 5G 应用生态圈做出的一次积极而有益的尝试。相信本套丛书一定会使广大读者获益匪浅。

中国科学院院士

艾国祥

序 二

在新一轮全球科技革命和产业变革之际,中国发力启动以5G为核心的"新基建"以推动经济转型升级。2021年3月公布的《中华人民共和国国民经济和社会发展第十四个五年规划和2035年远景目标纲要》(简称《纲要》)中,把创新放在了具体任务的第一位,明确要求,坚持创新在我国现代化建设全局中的核心地位。《纲要》单独将数字经济部分列为一篇,并明确要求推进网络强国建设,加快建设数字经济、数字社会、数字政府,以数字化转型整体驱动生产方式、生活方式和治理方式变革;同时在"十四五"时期经济社会发展主要指标中提出,到2025年,数字经济核心产业增加值占GDP比重提升至10%。

5G作为支撑经济社会数字化、网络化、智能化转型的关键新型基础设施,目前,在"新基建"政策驱动下,全国各省市积极布局,各行业加速跟进,已进入规模化部署与应用创新落地阶段,渗透到政府管理、工业制造、能源、物流、交通运输、居民生活等众多领域,并逐步构建起全方位的信息生态,开启万物互联的数字化新时代,对建设网络强国、打造智慧社会、发展数字经济、实现我国经济高质量发展具有重要战略意义。

中国通信学会作为隶属于工业和信息化部的国家一级学会,是中国通信界学术交流的主渠道、科学普及的主力军,肩负着开展学术交流,推动自主创新,促进产、学、研、用结合,加速科技成果转化的重任。中国产业发展研究院作为专业研究产业发展的高端智库机构,在促进数字化转型、推动经济高质量发展领域具有丰富的实践经验。

此次由中国通信学会和中国产业发展研究院强强联合,组织各行业众多专家编写的"中国通信学会5G+行业应用培训指导用书"系列丛书,将以国家产业政策和产业发展需求为导向,"深入"5G 之道普及原理知识,"浅出"5G 案例指导实际工作,使读者通过本套丛书在 5G 理论和实践两方面都获得教益。

本系列丛书涉及数字化工厂、智能制造、智慧农业、智慧交通、智慧城市、智慧政务、智慧物流、智慧医疗、智慧能源、智能电网、智慧矿山、智慧金融、智慧教育、智能机器人、智慧电影、智慧建筑、5G 网络空间安全、人工智能、边缘计算、云计算等 5G 相关现代信息化技术,直观反映了 5G 在各地、各行业的实际应用,将推动 5G 应用引领示范和落地,促进 5G 产品孵化、创新示范、应用推广,构建 5G 创新应用繁荣生态。

中国通信学会秘书长

前　言

2020庚子年，有太多的事让人难以忘怀，其中最让人刻骨铭心的，无疑是新冠疫情的全球肆虐。疫情面前，我们不但见证了一个个感人瞬间，更感受到了令人惊叹的中国速度——仅用10余天，武汉建设完成能够容纳2600张床位的火神山医院、雷神山医院！通过5G网络，全国有数亿人化身"云监工"围观了整个建设过程，充分体会到了科技的神奇力量。

不仅如此，以5G为代表的先进技术与交通深度结合，为抗击疫情及疫情后社会生产生活恢复正常提供了重要助力。自动驾驶负压救护车可以实现全过程无接触将病人高效运送到就近定点收治医院，避免可能存在的驾驶人交叉感染风险；智能网联无人消毒车、清洁车可独立高效完成感染风险较高区域的消毒和清洁工作，降低作业人员感染隐患和劳动强度；利用完善的智能路网调配自动驾驶货车对物资进行运输，提高了调配效率的同时也有效避免了驾驶人的感染风险；智能网联公交可根据乘客出行需求提前预约定制线路，通过乘客的科学分配和线路车次的优化，大幅降低车内客流密度，减小传播概率；同时，通过验证乘客"身份绿码"，以及通过体温自动感知等手段识别异常，杜绝风险上车并将信息进行反馈。

"4G改变生活，5G改变社会"，这不是一句口号，而是人们切实的感受。作为通信人，编者10余年前曾亲身参与全球首个TD-LTE测试床的研发，亲历全球首个LTE网络商用，感受到了4G从概念到身边真实体验的整个过程。10余年后的今天，我国三大通信运营商已建成5G基站70余万座，5G终端连接数超过1.8亿个，上亿人体验到了5G带来的深刻变化。

前言

以 5G 为代表的信息通信行业是全面支撑经济社会发展的战略性、基础性和先导性行业。作为新一轮数字化转型的重要使能技术，5G 与 AICDE（人工智能、物联网、云计算、大数据、边缘计算）紧密结合，还将共同推动新时期我国经济的全面高质量发展。

尤其作为新基建的主角，5G 投资不仅将直接带来电信行业、信息服务行业的快速发展，更能通过产业间的关联效应，带动各行业拓展信息通信技术应用的深度和广度，加速推动数字经济发展。

为此，我们推出了这套"中国通信学会 5G+行业应用培训指导用书"，从"5G+智能制造""5G+智慧城市""5G+智慧交通""5G+网络空间安全"等多个垂直领域反映 5G 带给人们的深刻变革，帮助读者把握 5G 与相关行业的发展方向。

作为丛书之一，本书重点关注以 5G 为代表的新一代信息技术如何改造交通，如何让交通产生智慧。书中介绍了智慧交通发展的主要历程，较为完整地描述了智慧交通的整体框架，并对全产业版图和未来发展进行了预测。同时，本书不仅对该领域中最重要的技术——车联网、自动驾驶给出了较为系统的介绍，还把更多的注意力放在各项技术对智慧交通的赋能作用，如智慧交管、智慧公共交通、智慧轨道交通、智慧航空、智慧货运、智慧导航、智慧基础设施以及智慧物流。值得注意的是，智慧交通是国家重要战略的关键性环节，也是一个系统性工程，虽然发展迅速，但不可能一蹴而就。我们有必要对其发展理念和顶层设计进行深度思考，解决其中存在的问题，使行业真正做到快速、健康发展。

本书的编者均为通信行业的资深从业人员，来自通信技术企业、运营商、高校及国家级研究机构，对 5G 行业的发展有着较为深入的了解与洞察。郭健负责全书组织架构，并负责第 2、4、6 章的编写；刘红杰负责全书的统稿，并参与了第 1、2、5 章的编写；韩镝负责第 1、3 章的编写；张欣负责第 5 章的编写；王晨、孙雨奇、徐越参与了第 1、3 章的编写；徐越参与了第 5 章的编写；徐亮参与了第 4 章的编写。全书由王方刚主审，北京交通大学轨道交通控制与安全国家重点实验室的王东、刘钰、王雪刚、贺勃翔等同志也参与了文稿的审校，在此特别感谢他们的辛勤工作。在本书的编写过程中，编者参阅了大量行业资料，咨询了众多行业专家，特别是交通行业专家，书中很多专业信息正是来自与他们的沟通交流，在此特别表示感谢。

由于编者自身水平有限，以及较为紧凑的编写周期，书中难免存在错误与疏漏之处，敬请读者和专家批评指正。

5G已为智慧交通打上深深烙印，大幕已开启，好戏待上演！

编　者

关注本微信公众号
回复"68425"
获取更多资源

目 录

序一
序二
前言

第1章 为什么是5G /001
1.1 5G网络的前世今生 /001
1.1.1 1G到4G，不只是数目的变化 /002
1.1.2 5G与IoT /009
1.1.3 关于5G，我们需要了解的核心技术 /014
1.2 5G如何改变社会 /025
1.2.1 5G与新基建 /026
1.2.2 从5G到5G+ /029

第2章 从智能交通到智慧交通 /039
2.1 什么是交通 /039
2.2 从传统交通到智能交通 /041
2.2.1 ITS发源地——美国 /042
2.2.2 ITS试验场——日本 /043
2.2.3 中国的ITS发展历程 /044
2.2.4 中国的ITS框架 /045
2.3 智能交通到智慧交通，既是技术的革新又是思维的革命 /046
2.4 智慧交通系统的总体框架 /048
2.4.1 数据采集层 /050
2.4.2 基础设施层 /055

2.4.3 技术赋能层 /060
2.4.4 数据服务层 /061
2.4.5 智慧应用层 /063
2.4.6 信息安全体系 /064
2.4.7 标准规范体系 /064
2.4.8 管理制度体系 /064
2.5 智慧交通产业版图 /065
2.6 智慧交通的市场规模预测 /068

第3章 车联网、自动驾驶与5G /070

3.1 车联网——不仅是汽车的互联网 /070
   3.1.1 车联网的兴起与现状 /070
   3.1.2 移动通信对车联网的影响 /074
   3.1.3 车联网基础架构 /078
3.2 自动驾驶——让梦想照进现实 /081
   3.2.1 自动驾驶的"一二三四五" /081
   3.2.2 自动驾驶的核心技术 /084
   3.2.3 自动驾驶的发展现状 /094
3.3 5G让V2X和自动驾驶如虎添翼 /101
   3.3.1 LTE-V2X到5G-V2X /101
   3.3.2 没有5G,就没有高级自动驾驶 /103

第4章 5G如何赋能智慧交通 /109

4.1 智慧交管 /109
   4.1.1 智慧交警,从汗水警务到智慧执法 /110
   4.1.2 智慧导引——跟着我,跑得快 /116
   4.1.3 智慧停车 /120
4.2 智慧公共交通 /121
   4.2.1 智慧公交,智慧伴身边 /122

目 录

- 4.2.2 共享单车，"新四大发明" /124
- 4.2.3 网约车让资源分配更智慧 /127

4.3 智慧轨道交通 /127
- 4.3.1 智慧高铁，不止于快 /128
- 4.3.2 智慧地铁+城铁，让绿色出行更智能 /133

4.4 智慧航空，给智慧插上翅膀 /135
- 4.4.1 大兴机场——智慧机场新标杆 /135
- 4.4.2 "一张脸、一张图、一张网"——深圳机场的智慧平台 /138

4.5 智慧货运，远比你想象的重要 /142
- 4.5.1 智慧资源调度 /143
- 4.5.2 智慧安全驾驶 /144
- 4.5.3 用智慧满足用户需求 /144

4.6 大海航行靠舵手，城市出行靠导航 /145
- 4.6.1 高精地图 /146
- 4.6.2 5G与精准定位 /147
- 4.6.3 室内定位 /154
- 4.6.4 北斗全球系统 /156

4.7 智慧基础设施，智慧新基建 /158
- 4.7.1 智慧公路 /158
- 4.7.2 智慧港口 /163

第5章 智慧物流 /165

5.1 智慧物流初探 /165
- 5.1.1 智慧物流的内涵 /165
- 5.1.2 物流大数据——推动物流智能化升级 /169
- 5.1.3 新零售时代的物流新概念 /172

5.2 5G与智慧物流生态 /176
- 5.2.1 5G+物流，智能化时代的深度融合 /176
- 5.2.2 5G+仓储，智能化仓储管理系统 /180
- 5.2.3 5G+智慧配送，解决"最后1公里"问题 /183

第 6 章　智慧交通在路上　　　／ 186

6.1　智慧交通是国家重要战略的关键性环节　　　／ 187
- 6.1.1　建设交通强国　　　／ 187
- 6.1.2　智慧交通是智慧城市的重要组成　　　／ 189
- 6.1.3　智慧交通在新冠疫情应对中的应用　　　／ 190
- 6.1.4　智慧交通是《中国制造 2025》的重要组成　　　／ 193
- 6.1.5　智慧交通是交通运输供给侧改革的重要推动　　　／ 194

6.2　智慧交通仍然面临巨大挑战　　　／ 195
- 6.2.1　智慧交通建设的"三重三轻"　　　／ 195
- 6.2.2　智慧交通应用层面关键技术有待突破　　　／ 196

6.3　结语：行则将至，做则必成　　　／ 197

参考文献　　　／ 198

第 1 章 为什么是 5G

交通是一个国家的循环系统。过去 40 年，我国经历了翻天覆地的变化，而交通行业的快速发展为这一系列变化注入了持续不断的动力。智慧交通，就是这套循环系统的新的动力来源。

5G，自其出现在大众视野下那一刻起，就被牢牢锁定在聚光灯下，时时刻刻备受万众瞩目，大家似乎都已经对"5G 改变社会"这一概念深信不疑，并对于 5G 的大规模商用翘首以盼。那么，5G 如何和交通发生关联，如何影响智慧交通？这将是本书详细探讨的内容。

首先，我们将探讨以下问题：5G 从何处来又将用往何处？为什么 5G 还未问世就已经受到如此广泛的关注？5G 究竟是如何实现的，它与我们生活中哪些方面息息相关，又将为社会带来哪些翻天覆地的变化？

本章，我们将剥下 5G 华丽又神秘的外衣，抽丝剥茧，探索它丰饶的内核深处。

1.1 5G 网络的前世今生

改革开放 40 余年，通信行业作为国家科学技术发展的一支重要先驱力量，如惊涛骇浪般迅猛发展，其影响跨越了行业的界限，打破了国门的限制，出人意料又理所应当地走在了世界最前列。而同时，它也如涓涓细流一般潜移默化地拓展了群众视野，改变了人民生活，促进了社会发展，甚至提升了国家格局。从

1G 空白、2G 跟随、3G 突破、4G 同步到 5G 引领，这看似是通信技术"法"的发展，实际上更是自然成就了我国综合实力和总体发展方向上的"道"。

1.1.1　1G 到 4G，不只是数目的变化

墨香纸笺取代了烽火狼烟，网络信号又取代了邮票信件，笔友变成了网友，再没有"从前的日色变得慢，车，马，邮件都慢，一生只够爱一个人"的浪漫。

1837 年，美国人莫尔斯研制出了莫尔斯码，并于几年后发明了可用于实际通信的电报机；1839 年，惠斯通和库克发明的电报线路在英国投入运营；1876 年，贝尔申请了电话机专利并创立了美国电话电报公司（AT&T）的前身贝尔电话公司；1897 年，意大利无线电工程师马可尼在伦敦成立了马可尼无线电报公司，后其无线电信号成功穿越了英吉利海峡和大西洋，他凭借在无线电报领域取得的卓越成就获得了诺贝尔物理学奖，被称为"无线电之父"。

从此人类社会进入了近现代通信时代，通信距离不断延长，通信时延持续减小，通信媒介更新迭代，可以进行传输的信息种类也从文字扩展到声音，再到图像和视频，变得愈发丰富起来。近年来，移动通信正经历着它最为辉煌的发展历程，这段成长和蜕变值得我们了解和体会。

美国在 20 世纪 60 年代提出了移动蜂窝网络的理论和概念，并构建了 1G 移动网络的雏形，欧洲和日本紧随其后开始了针对移动网络的技术研究，到 20 世纪 80 年代，1G 移动网络陆续在各个国家和地区实现商用。

1. 1G——模拟通信

1G 采用模拟通信技术，利用正弦波的幅度、频率和相位随时间连续变化的特性进行通信。通信系统一般由信源、信宿和信道三部分组成。信源即发送端通过变换器和调制器将语音的模拟信号调制成电信号，电信号在传播介质即信道中进行传输，接收端再滤除噪声并通过相应的解调器将电信号重新转化为模拟信号让信宿获得信息，以完成整个通信过程。

1G 移动通信系统是现代移动通信发展的开端，它具有许多高光时刻值得我们铭记，如图 1-1 所示。

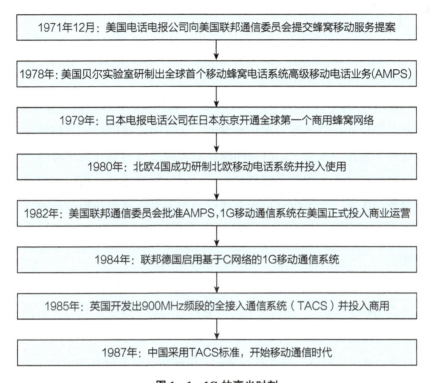

图 1-1 1G 的高光时刻

1G 移动通信系统的容量较小，因此采用 FDMA（Frequency Division Multiple Access，频分多址）技术来提升系统容量。所谓 FDMA 就是把全部带宽分成 N 个正交频道，为每个用户分配其中一个频道，大家使用的带宽互相独立，可以说是"井水不犯河水"，但是互不干扰的同时只有 N 个用户能够同时使用无线网络。

1G 作为第一代无线通信网络固然是近现代通信史上一次巨大的突破，可它同时也因为自身技术的不完善而存在很大的不足。因为利用模拟信号进行通信传输，其容量十分有限，通常情况下仅仅用来传递语音信号。即使这样也仍然存在通话质量差、传输稳定性差、信号覆盖面小、信息安全性差等问题。同时，全球范围内没有统一的 1G 相关标准，各国之间无法进行无线通信。仅仅依靠 1G 无线通信系统已经无法解决这些问题，伴随着技术的进步和需求的日益增加，2G 应运而生。

2. 2G——数字通信

以数字通信为核心的第二代移动通信技术为解决第一代移动通信技术的容量限制和标准缺陷而蓬勃发展起来。

数字通信即将简单的"0"和"1"进行复杂组合来表示需要传递的信息，将连续的模拟信号通过采样、量化和编码，从时间和幅值两个方向转化为离散的数字信号。采样即按照一定时间间隔获取模拟信号的值作为采样值，采样间隔越小，采样率越高，则信号还原度越高，信号质量越好。信号的幅值由若干位二进制数字表示，二进制的位数和选定的编码方式极大地影响着数字信号是否可以被准确还原，编码方式越合理，还原误差越小，信息准确度越高，通信质量越好。

美国科学家克劳德·艾尔伍德·香农（Claude Elwood Shannon）在1948年发表了《通信的数学理论》，他在文中提出信息与物理学属性一样是可以测量和规范的，并提出用比特（bit）作为信息量单位，此外他还将热力学概念"熵"引入了信息论，来对信息这一概念进行量化。他还指出信道带宽和信噪比是影响信道容量的关键条件，并提出了香农定理用以计算信道能够传输的信息量的上限，来揭示通信技术的优劣。香农为通信技术奠定了坚不可摧的理论基础，也持续激励着全世界的通信工程师们不断挑战着通信系统的极限。

与模拟通信相比，数字信号采用合适的调制方式和信道编码能够获得更强的抗干扰能力和更少的噪声累计。同时，数字信号具有更加简单灵活的加密方式，能够大幅度提高通信信息安全。硬件技术的持续发展和数字电路的不断优化大幅度减小了无线通信设备的体积，降低了通信设备的价格。

2G无线通信系统分为欧洲提出的GSM（Global System for Mobile Communications，全球移动通信系统）和美国提出的CDMA（Code Division Multiple Access，码分多址）两个体系。其中，GSM起步较早，在全球得到了广泛部署和使用。CDMA起步晚于GSM，其部署主要集中在美国、韩国和中国。

GSM采用了TDMA（Time Division Multiple Access，时分多址）方案以进一步提升2G移动通信的系统容量。TDMA把无线电频率分成不同的时隙并分配给不同的用户,与 FDMA 相比,TDMA 频率利用效率更高,同一条件下系统容量更大,但需要精确定时和同步以确保移动终端与基站之间正常通信,系统复杂度稍大。

与 1G 时代只能实现信号相对较差的语音通话服务相比,2G 时代的语音通话服务更加成熟,同时短信业务也发展得较为完善,丰富了用户的通信方式,提高了沟通效率。此外,手机取代了"大哥大",以其更加小巧实用的外观和音乐、游戏、拍照等功能逐渐开始在人们生活中占据了越来越重要的位置。2G 移动通信作为数字信号投入使用的新开始,同样也有许多高光时刻,如图 1-2 所示。

图 1-2 2G 的高光时刻

3. 3G——移动互联

3G,因其在基础的语音通话和短信业务基础上额外增加了数据传输功能,实现了无线网络通信系统与互联网之间的交互和融合。

3G 标准主要分为 CDMA2000、WCDMA(Wideband Code Division Multiple Access,宽带码分多址)和 TD - SCDMA(Time Division-Synchronous Code Division Multiple Access,时分同步的码分多址技术)3 个体系,其中 CDMA 为较为主流的 3G 技术。CDMA 应用码分扩频技术,将需要传输的信息数据用带宽远超信号

带宽的高速伪随机码进行调制，扩展原有数据信号带宽，并通过载波调制进行发送。与 2G 无线通信系统相比，其具有更强的抗干扰能力和隐蔽性能，同时网络容量与 2G 相比提升了 3 倍以上。

3G 移动通信系统中，各个用户靠不同的编码序列（即码形）区分传输信息所用的信号，而非 1G 和 2G 网络中依靠不同频率或时隙区分，接收端能够筛选出特定编码序列的信息，其他编码序列的信息即使被接收也不能解调。如果仍从 1G 或 2G 的频域或时域角度来看，多个 3G 信号互相重叠，这种现象被称为多址干扰。

第三代移动通信是通信与互联网开始结合的重要里程碑，其高光时刻如图 1－3 所示。

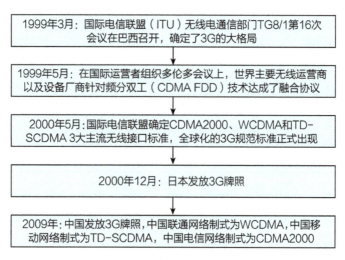

图 1－3　3G 的高光时刻

从 2000 年日本首先发放 3G 牌照，到 2008 年 3G 才开始走出发展低谷而被大规模投入商用，整整 8 年时间，等待的是移动通信设备彻底的更新换代。从 1G 的大哥大到 2G 的手机，这次是大屏幕、可触控的革命性产品——智能手机，引燃了 3G 发展的热潮。3G 移动通信网络的数据传输速度显著提升，加上手机变得更方便易用，"智能手机+无线网络"的上网方式拥有了越来越多的忠实用户。人们的沟通变得更及时，联系变得更紧密，可以不再支付高额的话费而随时实现语音和视频通话，可以在手机端收发邮件和移动办公，QQ 和微信等聊天软件逐步取代了短信和彩信，大大节约了沟通成本和办公效率。互联网行业开始蓬勃发展,电子商务的市场份额在短期之内爆炸式膨胀,淘宝、京东等网购平台强势挤占了线下商家的生存空间,消费者可以足不出户就买到心仪商品,沟通全球化和消费全球化的氛围逐渐蔓延开来。游戏行业和视频行业也吃足了移动网络通信带来的红利,游戏公司纷纷开始开发手游来代替端游,视频平台也转战手机端,智能手机代替了台式计算机和笔记本计算机成为众多游戏玩家和视频观众新的娱乐媒介,可以让他们随时随地收获酣畅淋漓的游戏和视听体验。

仅仅2009年一年,3G间接拉动我国国内投资近5890亿元;带动直接消费364亿元、间接消费141亿元;直接带动GDP增长343亿元,间接带动GDP增长1413亿元;直接创造就业岗位26万个,间接创造就业岗位67万个。

在3G开启的移动互联网时代,摩托罗拉、诺基亚、朗讯、北电网络、西门子等一大批2G时代曾经享誉世界的老牌名企,逐渐走向没落;苹果、谷歌、Facebook、Twitter、腾讯、阿里巴巴和百度等一批产业新贵强势崛起。

4. 4G——移动宽带

LTE (Long Term Evolution,长期演进) 是3GPP (3rd Generation Partnership Project,第三代移动通信合作计划) 基于2004年开发的UMTS (Universal Mobile Telecommunications System,通用移动电信系统) 技术标准的长期演进,支持FDD (Frequency Division Duplex,频分双工) 和TDD (Time Division Duplex,时分双工) 通信。其中,FDD在单独的对称频率信道上接收和发送,必须使用成对频率,依靠频率来区分上行链路和下行链路,且单向资源在时间上具有连续性,在支持非对称服务时利用率将大大降低。TDD仅需要在一个通道中执行,使用时间来分离接收和发送信道,通道利用率较高。

LTE系统引入了诸如OFDM (Orthogonal Frequency Division Multiplexing,正交频分复用) 和MIMO (Multiple-input Multiple-output,多输入多输出) 等关键技术。OFDM技术利用子载波正交避免了相邻信道的干扰,在相同的信道宽度内能够容纳更多子载波,显著提高了频谱效率和数据传输速率,避免了对于信道资源的浪费。在20MHz带宽条件下,LTE的峰值下载速度可以达到299.6Mbit/s,峰值上传速度可以达到75.4Mbit/s。

4G是网络速度大幅飞升的一代，其高光时刻如图1-4所示。

图1-4 4G的高光时刻

如果说3G时代将手机终端与互联网结合了起来，那么4G时代就将手机的互联网化进行了全面革新。与3G时代相比，4G时代的网速提升了10倍，可以满足人们在生活中对于移动网络和手机应用的更多需求。网络图像和视频分辨率更高，观看体验更好；网络资费大幅降低，吸引了大批用户以极低的资费获得极好的使用体验；共享交通、线上支付、智能家居等产业均迎来发展暖春。互联网信息爆炸的时代到来，信息不对等的状况明显减少，人们随时随地可以见识到全世界的风景和文化，全球的距离被无限缩小，整个世界正在融合。

这一切都得益于广泛的网络覆盖、良好的网络质量、领先的技术实力和快速的行业发展，我们抓住了4G时代的发展机遇，在时代背景下和世界共同进步，甚至走在了世界通信行业的前列。

1.1.2 5G 与 IoT

1. 5G 的"波粒二象性"

任何事物总是一体两面的，从不同角度能够看到完全不同的特性，得到完全不同的结论。在宏观世界中，粒子是实体，而波是能量，微观世界中这一界限却显得模糊，同一对象既是波又是粒子。一开始发现波粒二象性的是"光"，牛顿认为"光"是粒子，因为它能像子弹一样直线传播和反射；而惠更斯认为"光"是波，因为它能像水波、声波一样产生干涉和衍射。5G，正如"光"一样，也可以从两个角度去理解：

一方面，5G 是通信技术在 4G 后的变革和演进。正如上文描述的，5G 不只是数字的变化，还是更大带宽、更低时延、更快速率、更多承载、更可靠的通信技术集大成者。另一方面，5G 是互联网的再次升级——第一代互联网是"计算机到计算机"的网络，为人寻找信息提供途径；第二代互联网是移动互联网，提供任何时刻连接到任何人的途径；第三代互联网是 IoT（万物互联，即物联网），不仅能连接传统的计算机和个人，还能将任何事物连接到一起。由于网络的指数效应，网络价值的增长与用户数的二次方成正比例。5G 带来的万物互联拥有难以想象的价值空间。

2. 5G 的设计目标

就通信行业本身来讲，5G 移动通信系统的研发和商用在全球范围内受到了广泛的关注和巨大的重视。

ITU 定义的 5G 在 2013—2015 年间完成了标准化之前对其概况、技术和频谱的研究，2015—2017 年间拟定了其技术需求和评估方法，2020 年完成了候选技术征集、技术评估、关键技术选择等工作，最终制定了 5G 标准。技术上，网络用户能够达到的最大数据速率要求为 20Gbit/s，其覆盖范围内的最低数据速率为 100Mbit/s；单位面积上处于连接状态或者可接入的设备数目为 100 万台/km^2；单位地理面积上的总业务吞吐量为 10Mbit/(s·m^2)；网络单位能耗所能传输的信息量、手持终端设备和无线传感器所能延长的电池使用时间提高 100 倍；单位频谱资源上的数据吞吐量提高 3 倍；数据进入网络中某点之后到变为用户可以获取之前的失效时间不超过 1ms；达到一定 QoS（Quality of Service，服务质量）的移动速度不低于 500km/h。

5G 主要的 3 大应用场景分别为增强移动宽带（eMBB）、高可靠低时延通信（uRLLC）和海量机器类通信（mMTC），如图 1-5 所示。eMBB 在现有移动宽带的基础上扩大了新的应用领域，并且进一步增强了性能，大大降低了带宽对于用户业务使用的限制，显著提升了用户体验。eMBB 的应用方向主要是移动热点和广域覆盖。对用户密度高、业务容量大但用户移动速率较低的地区，应用移动热点方案，用户可以得到更高的数据速率；在对数据速率要求较为宽松，但是通信对象移动速率较高的场景，适用于广域覆盖相应方案。吞吐率、时延、可用性等能力是 uRLLC 的主要聚焦点，典型用例包括工业互联网、远程医疗、智能电网的自动配电、传输安全等。mMTC 的场景需要连接大量终端，各终端收发的数据量较小，且对时延的敏感性相对稍弱，另外，终端成本较低且可服役寿命长。

图 1-5　5G 应用场景

3GPP 在 ITU 定义的基础上对网络运营方面也有所要求，主要包括网络切片、灵活路由、互操作和节能等方面。

不难看出，5G 的技术设计是十分匹配其应用场景的，其应用场景覆盖范围遍及各行各业。

3. 5G 的"能量扩散"

从更贴近人们生活的角度来讲,移动互联网和 IoT 是 5G 发展的两大主要驱动力,将提供丰富多彩的应用场景。总体来讲,为了实现全部人和物在任意时间、任意地点可以与其他人和物进行信息交互的目标,5G 网络必将以用户为中心,连通全方位的信息生态系统,即以人为主体,更加侧重于提升用户体验,进一步促进人类社会通信方式的变革。这种变革体现在为用户提供 AR(增强现实)、VR(虚拟现实)、云服务、高清视频、高速手游等更加身临其境和真实流畅的服务,同时保证用户在电影院、商业街、演唱会等超密集场景和高铁、高速公路、地铁等高速移动环境下获得无差别的高水准体验。

与移动互联网以人为中心的着眼点不同,IoT 扩充了移动通信的连接对象,从人与人之间的通信发展到物与物、人与物之间的智慧互联,促使移动通信渗透到工业、农业、医疗、教育、交通、金融、能源、智能家居、环境监测等领域。未来,各类行业领域对物联网进一步的推广应用将促使各种具备行业化和个性化的业务和服务爆炸式增长,数百亿不同类型的物联网设备将陆续接入网络,真正实现"万物互联"。5G 需要具备海量终端连接的能力并满足各类业务的差异化,以更好地支持物联网业务推广,而这种 5G 能力在各行各业广泛发散的需求将给未来的 5G 网络带来各项挑战,如图 1-6 所示。

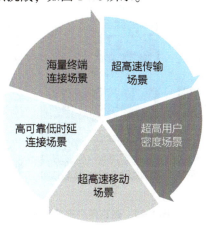

图 1-6　5G 网络面临的巨大挑战

超高速传输场景主要关注为 5G 移动通信用户提供更快的数据传输速率，保证用户在网络连接过程中不会感知延时，在使用过程中流畅无卡顿，为用户提供"如丝般顺滑"的体验。这种速率和体验可使得视频会话、超高清视频播放、AR、VR、实时视频分享、云端办公、云端存储等各类新型业务获得其核心竞争力。例如，VR 远程用户之间的高清 3D 实时互动需要网络能够实时提供每秒数吉比特的数据量交换，才能保证给予用户身临其境的感受。为此，办公区域内，1 Gbit/s 以上的传输速率需要覆盖本区域内 95% 以上的用户，5 Gbit/s 以上的传输速率需要覆盖本区域内 20% 以上的用户。

密集住宅、办公室、体育场馆、演唱会、音乐厅、大型购物中心等区域都属于用户密集区域，适用超高用户密度场景，如图 1-7 所示。在这些场景下，现有的移动通信系统因为其网络负载限制，难以满足全部用户同时接入网络的需求，部分用户可能存在没有信号的问题，用户体验较差。超高用户密度场景对 5G 提出的要求是：即使用户密度很大，依然要保证全部用户能够接入移动通信网络，并且速率和时延等网络参数仍然需要满足大部分业务要求。在有大型演唱会和体育比赛时，每位用户的数据量预计超过 9Gbit/h，哪怕场馆用户上座率达到 100%，用户体验速率也需要保证在 0.3~20 Mbit/s。

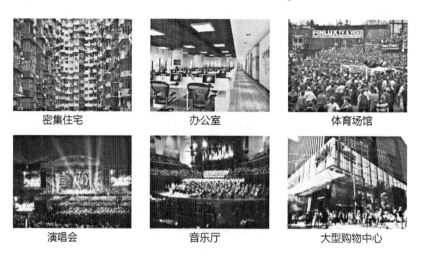

图 1-7 超高用户密度场景

超高速移动场景的主要关注点在用户的出行过程中，例如在高铁、高速公路、地铁等交通工具上,速度较快时是否还能得到良好的移动通信体验。其对于5G 的要求是在出行过程中为用户提供与在家中、工作场合中或低速场景下无差别的使用感受。即使用户移动速度超过 500 km/h,依然能够观看高清视频,欣赏无损音乐,能够发送和下载文件,满足各类基本业务需求。其上下行速率至少应该分别大于 100 Mbit/s 和 20 Mbit/s,端到端时延应低于 100 ms。

高可靠低时延连接场景重点关注人与物之间、物与物之间的移动网络连接,而非满足于当前移动通信系统主要关注的以人为中心的时延要求。当前对于移动通信时延的要求主要来源于人类听力系统接收信号在 70~100ms 范围内即时性感受良好的特性,因此 ITU 将时延最低要求定为不大于 100ms。但在高可靠低时延场景下,移动通信系统被广泛应用于设备与设备之间的通信中,其对数据端到端传输的时延和可靠性要求要严格得多。在自动驾驶领域,为了保证道路交通系统正常运行并且没有重大交通事故的发生,车与车之间、车与路侧基础设施之间的信息交互过程必须控制在毫秒级,其中通信时延不得超过 5ms;在工业领域,智能电网也需要具备毫秒级的时延和 99.999% 的可靠性;实现 VR 对移动通信时延有更为严苛的要求,端到端响应时延不得超过 1ms,否则用户就会产生眩晕的感觉。就目前已有设想的高可靠低时延场景来看,对于 5G 的时延需求要求至少要低于毫米级,可靠性不能低于 99.999%,后续随着业务的拓展,对于 5G 的时延和可靠性或许还会有更高的要求。

海量终端连接场景主要覆盖 MTC 设备、传感器设备等数量大、范围广的设备的场景。MTC 设备和传感器设备的种类也十分复杂,不同类型的设备复杂度相差很大,业务特征和对于移动通信网络的需求差异化十分明显,发送频率、复杂度、成本、能耗、发送功率、时延等都不尽相同,现有网络难以同时满足如此多样化的业务需求。预计到 2025 年,每个小区需要提供的设备连接能力要达到 100 万,设备服役寿命需要延长至 10 年量级,终端成本同时需要大幅降低,网络负载能力需要快速加强,从而满足实际业务对未来网络数百亿的设备连接能力的要求。将上述几个因素进行综合考虑后,对于 5G 提出的需求如图 1-8 所示。

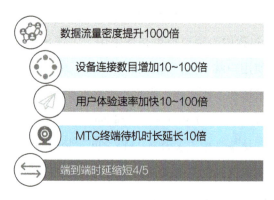

图1-8 5G性能需求

5G是移动通信网络的5.0版本,通过将本身"粒子"的巨大能量散发到各行各业,传递到人民生活中去,以它"波"的能量场去辐射全世界,为创造美好生活提供"新基建",降低社会信息消费成本,促进社会治理模式优化变革;为提升社会生产力水平提供"新引擎",促进技术创新与实体经济深度融合,解决产业和区域发展不平衡。5G是助力国家把握发展战略机遇期的"新变量",是助力经济平稳发展,助力中国实现"两个一百年"伟大梦想的重要推动力量。

1.1.3 关于5G,我们需要了解的核心技术

前文提到了5G的主要场景及技术需求,在此基础上,5G系统关键性能设计目标主要包括6大方向,分别是用户数据速率、移动性、连接密度、端到端时延、服务质量(QoS)和频谱效率。与之对应,5G标准规定了一系列无线侧、网络侧的关键技术来应对这些挑战。考虑到对本书读者的普遍适用性,我们将不对各项技术做特别深入的展开,而是挑取其中一些有代表性的技术以"窥一斑而知全豹",更多地从宏观层面介绍5G,感受5G体系的设计思路。本章将介绍的技术包括无线控制承载分离、先进天线技术(Massive MIMO+波束赋形)、网络切片、移动边缘计算、融合资源协同管理、灵活移动性管理、网络动态频谱共享、D2D(Device to Device)通信以及无线自组织网络(Wireless Mesh Network,即无线Mesh)等,如图1-9所示。

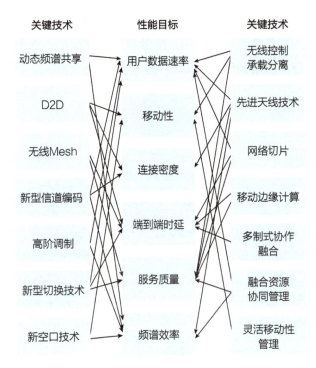

图 1-9　5G 关键技术与性能指标对应关系

1. 无线控制承载分离

无线控制承载分离是应用软件定义网络（Software Defined Network，SDN）来实现网络能力开放及其可编程性，即将移动通信系统的控制功能从下层分离而向上层汇聚，实现融合统一的 QoS 管理、自适应路由等控制功能，以达到网络资源的最优化配置。目前来看，5G 商用后，运营商移动网络将长期保持多制式、多频段、多层次的特点，接入网部署将更加密集，无线环境更加复杂多样，每一张接入网的覆盖、容量及无线特性都各不相同。

从用户的角度来说，只要满足无缝衔接的业务体验，他们并不关注具体的接入制式和技术。在此背景下，通过分离无线接入网的控制信令与业务承载，可以独立优化部署无线控制层和业务承载层以达到无线网络覆盖与传输目的，同时还能够增加无线网络灵活性，降低控制信令的复杂性。无线接入网的控制与承载分离后，将更容易实现接入网的集中管控，通过宏观层面的移动性管理、无线资源协调和负载均衡等功能，避免网络流量不均衡、系统内和系统间频繁切换等问题，进而提高接入网整体资源利用率，降低投资运营成本，提升用户业务体验。接入控制与承载分离方案的结构如图 1-10 所示。

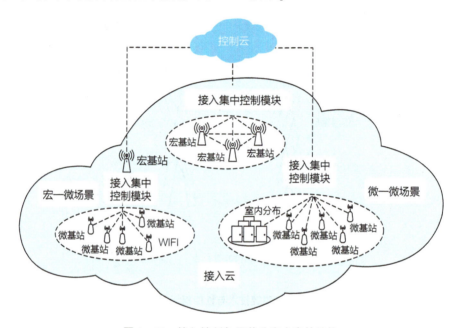

图 1-10　接入控制与承载分离方案的结构

2. Massive MIMO+波束赋形=5G 天线技术

Massive MIMO，即大规模 MIMO，2010 年由美国贝尔实验室的托马斯·马尔泽塔（Thomas L. Marzetta）提出，是 5G 中提高频谱利用率和提升传输速率的关键技术。

想要深入了解 Massive MIMO 技术，我们先要从天线的演化开始讲起。天线是移动通信中非常重要的组成部分，其理想长度大概是电磁波波长的 1/4。以我国已分配的 5G FR1 频段为例，其主要工作在 700~4900MHz，天线长度在几厘米到几十厘米之间。波长较短，可以大大减小天线尺寸，然而，很短的短波、高工作频率也带来了抗干扰能力和绕射能力差的问题，信号覆盖范围大大受限。在 1G 时代，用户数量较少，传输速率较低，基站多使用全向天线；2G 时代，全向天线演化为定向天线，天线覆盖角度为 120°，3 个扇区覆盖一个小区，这也是蜂窝通信的由来；智能天线在3G网络建设中投入应用，单一天线发展成了多天线，也就是传统的MIMO。在MIMO时代对于多天线的利用主要有两种模式，一种是传输分集（Tx/Rx Diversity），一种是空分复用（Spatial Multiplexing）。其中，传输分集相当于用不同的天线发送相同的内容，抵消信道的快速衰落以及时变特性造成的影响，从而增强信号覆盖，提升系统健壮性；空分复用是用不同天线发送一个数据集中的不同部分，提升传输速率，增加小区容量。同一天线不能被同时应用于传输分集和空分复用，MIMO对于天线传输模式选择的权衡很大程度上影响了频谱资源的利用率。

Massive MIMO与传统MIMO相比，其革新主要体现在天线数量和信号覆盖维度两个方面。传统MIMO基本上只有2天线、4天线或8天线，而5G主流的Massive MIMO通道数为64个，甚至可以达到128个或256个。传统MIMO在实现信号覆盖时只能水平移动，不能进行垂直方向的移动；Massive MIMO在此基础上利用了垂直维度空间，信号以电磁波束的形式辐射，将2D-MIMO升级成了3D-MIMO。5G的Massive MIMO天线阵列电路如图1-11所示。

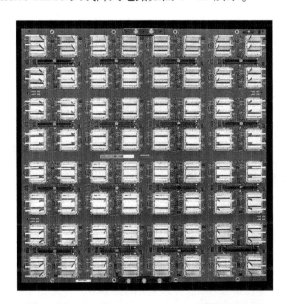

图1-11 5G的Massive MIMO天线阵列电路

Massive MIMO能够控制单个天线的信号相位和幅度，信号预处理算法为波束安排最佳路由，精准调节多个天线单元产生具有指向性的波束，直接指向终端或者被障碍物反射后指向终端，在客户移动终端的位置形成电磁波的叠加，增加信号强度，这就是波束赋形技术。

波束赋形技术让电磁波的能量可集中于指定方向，即针对目标用户实现了信号增强，也减弱了对于其他用户的干扰，让基站范围内的更多用户可以利用 Massive MIMO 提供的空间自由度同时与基站进行通信，提升了频谱资源在多个用户之间的复用能力，增加了小区的容量，集传输分集和空分复用的优点于一身，也避免了天线权衡传输模式降低频谱利用率的弊端。

当前的数据业务量特点是商业中心、交通枢纽、居民区、大学校园等 20% 的区域产生 70% 以上的流量，话务负荷较高，容量不足。因为难以获取站点来布设多个天线以覆盖高层建筑、信号对于障碍物穿透性不够等原因，难以保障用户体验。Massive MIMO+波束赋形这一黄金组合可以在垂直维度采用大量天线阵列，增强高层信号覆盖，同时采用波束赋形增益弥补穿透损耗，并且能够灵活调整波束角度，减少小区间信号干扰，提升区域容量。Massive MIMO+波束赋形应用场景如图 1-12 所示。

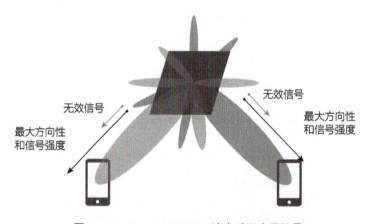

图 1-12　Massive MIMO+波束赋形应用场景

3. 网络切片

网络切片是 5G 移动通信系统中的一个关键技术，是之前数代无线通信方式网络技术侧的重大变革。根据不同业务的不同需求，将同一个物理网络隔离成多个逻辑子网络。每个子网络均由无线接入网、承载网、核心网子切片组成，并通过端到端切片管理系统进行统一管理。这样做一方面可以更加合理地进行资源配置，优先保证对网络需求较高的业务，然后再兼顾低优先级的业务；另一方面使得运营商能够根据第三方的需求和现网建设情况，以较低的成本提供灵活的定制化网络服务。网络切片特性示意如图1-13所示。

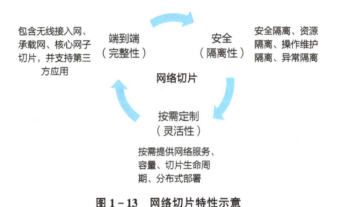

图1-13　网络切片特性示意

网络切片的部署流程大致能够分成6步（见图1-14）：

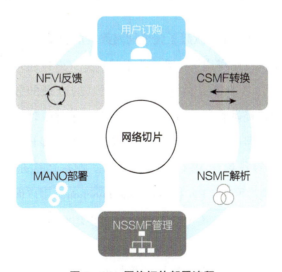

图1-14　网络切片部署流程

1）用户订购通信服务。

2）CSMF（Communication Service Management Function，通信服务管理功能）完成用户需求到 SLA（Service Level Agreement，服务等级协议）的转换。SLA 的内容包括用户数、QoS、带宽等参数。

3）NSMF（Network Slice Management Function，网络切片管理功能）根据 SLA 来选择合适的子切片。

4）NSSMF（Network Slice Subnet Management Function，切片子网管理功能）为子切片申请对应的物理资源和虚拟资源，并对子切片进行全生命周期的管理。

5）MANO（Management and Orchestration，管理和编排）在 NFVI（Network Function Virtualization Infrastructure，网络功能虚拟化基础设施）上完成各子切片以及其对应的网络、计算、存储资源的部署。

6）管理系统通知用户切片部署完成，可以使用通信服务，用户后续可以对切片进行调整。

目前 5G 主流的 3 大应用场景 eMBB、uRLLC、mMTC 就是根据网络对用户数、QoS 等的不同要求定义的 3 个通信服务类型，对应 3 个不同的切片。

4. 移动边缘计算

在 5G 技术中，边缘计算掀起了整个网络架构的变革。5G 通信的超低时延与超高可靠的通信要求，使得边缘计算成为必然选择。以自动驾驶为例，每台车部署 12 个毫米波雷达、3 个激光雷达，这样需要实时处理的数据就达到 1Gbit/s。显然，靠中央处理器提供服务将引发一系列问题。在 5G 时代，数据中心、地区数据中心、边缘服务器以及 CPE 等 IoT 设备都将成为边缘计算的重要节点。

5G 中的边缘计算被称为 MEC（Multi-Access Edge Computing，多接入边缘计算）。MEC 承担着核心网中 UPF（User Plane Function，用户面功能）以及连接数据网络的相关功能。UPF 是 5G 中的新网元，可以理解为 4G 网络中 P－GW 以及 S－GW 的作用。

5G 时代，在网络架构中引入边缘计算技术，在靠近接入侧边缘机房的位置部署网关、服务器等设备，增加计算能力，将低时延业务、局域性数据、低价值量数据直接在边缘机房进行处理和传输,不需要通过传输网返回核心网。同时向第三方应用开放,并将其部署得更靠近终端设备,适用于视频业务、用于实时传输控制的数据流等的传输,可以减少数据分组时延并节省回传的带宽,明显地提高用户体验。边缘计算在网络中的位置如图 1-15 所示。

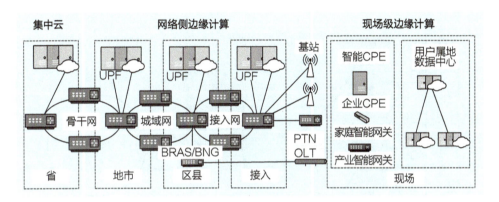

图 1-15　边缘计算在网络中的位置

从运营商网络设备迭代的趋势来看,基于 x86 的通用计算设备确实会成为整个通信网边缘计算的主力。从万物互联的需求来看,用户端的各类型、各平台(车、家电、传感器等)的(智能)计算设备,很可能也是边缘计算的主力,通过统一标准和接口,彼此交互。运营商设备端云和虚拟化越来越明显,因此从存储和资源调度角度来说,中心服务器的地位不会发生变化,但是从用户端的角度来看,靠近用户端的边缘侧算力将越来越重要。

5. 融合资源协同管理

融合资源协同管理包括基于基带资源池的融合协同管理和基于簇化集中控制的融合资源协同管理,需要考虑多种回传条件,实现复杂网络场景下的资源协同与自适应。

基于基带资源池的融合协同管理(见图 1-16)能在密集网络环境下将部分或全部的基带处理资源集中成资源池,并对覆盖区域进行统一管理和动态分配,能够提升资源利用率、降低能耗并且提升网络性能。对于不同的前传传输条件,可以重新定义 BBU(Base Band Unite,基带处理单元)和 RRU(Remote Radio

Unit，射频拉远单元）的功能划分，并重新设计 BBU 和 RRU 之间的接口。在 BBU 资源池中实现集中化可获得高增益的功能，无协作化或低协作化的功能在远端 RRU 资源池中实现，从而实现最大的总体增益。此外，BBU 和 RRU 之间的连接关系需要高可靠性、低成本的通用前端传输网络来实现，才能构造整齐有效的容量网结构。

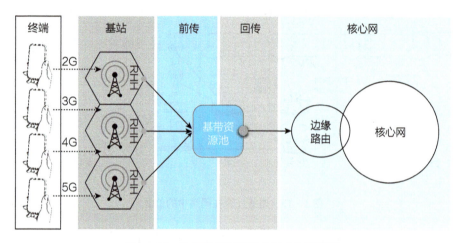

图 1-16 基于基带资源池的融合协同管理

基于簇化集中控制的融合资源协同管理是对控制功能进行抽样和集中，来减小密集部署的干扰问题，实现不同区间的负载均衡，降低对于传输带宽的要求，提升整体资源利用率。

6. 灵活移动性管理

灵活移动性管理包括空闲态无移动性管理、连接态无移动性管理、完整空闲态移动性管理、完整连接态移动性管理等。空闲态无移动性管理是指用户处于空闲状态时，上下文和状态信息无须存储于网络中，针对对象多为长期在线的终端用户或仅支持 UE（User Experience，用户体验）始发业务的终端用户；连接态无移动性管理是指用户处于连接态时，上下文和专用隧道信息无须维护存储于网络中，针对对象多为静止用户或非移动终端用户。

为了更好地支持密集微小区域和宏微组网等复杂网络场景下的频繁切换和大负载量，保证用户体验，在密集微小区域下可以将多个小区的资源虚拟成一个小区进行集中资源协同管理,在宏微组网场景下可以增强宏基站和微基站之间的连接,分离控制面和用户面,降低切换频率,减少信令负荷。微—微场景虚拟技术和宏—微场景多连接技术分别如图1-17和图1-18所示。

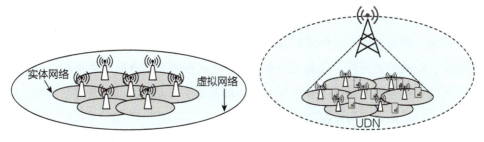

图1-17　微—微场景虚拟技术　　　　图1-18　宏—微场景多连接技术

7. 网络动态频谱共享

动态频谱共享（Dynamic Spectrum Sharing,DSS）就是在一定时间或空间范围内动态利用频谱资源,并将时频资源动态分配给4G和5G用户,实现频谱资源动态变化、多优先级网络共存,并且提高频谱共享灵活性,如图1-19所示。

目前,优质频段（较低频段）频谱资源几乎都被2G、3G、4G占据,而考虑到运营商的固定资产投入,4G必然将与5G长期共存,无法进行全部频段的重耕。给5G分配的频段比较高,单站覆盖距离小,难以在短时间内实现连续的5G广覆盖；另外,高频信号穿透能力较弱,即使在密集城区,5G信号也难以渗透并进入室内场景。动态频谱共享技术可动态共享4G优质低频资源,快速实现5G广覆盖和深度覆盖。

图1-19　动态频谱共享

应用网络频谱共享需要频谱感知技术覆盖基站，上层分析系统能够与基站交互频谱感知信息，整个系统能够协同进行频谱和干扰管理，同时能够对业务 QoS 进行保障。

8. D2D 通信

传统的蜂窝通信系统的组网方式是以基站为中心实现小区覆盖，网络结构固然稳定，但缺乏灵活性。随着无线多媒体业务不断增多，海量用户全部通过基站接入可能存在各种困难。D2D 技术无须借助基站的帮助就能够实现通信终端之间的直接通信，拓展网络连接和接入方式。

D2D（见图 1-20）使一定距离范围内的用户通信设备可以直接通信，以降低对服务基站的负荷。在 D2D 技术出现之前，蓝牙（短距离时分双工通信）、WIFI Direct（更快的传输速度和更远的传输距离）都支持设备间的直接连接。与这两者相比，D2D 技术更加灵活，既可以在基站控制下进行连接及资源分配，也可以在无网络基础设施的时候进行信息交互。D2D 通信使用电信运营商的授权频段，其干扰环境是可控的，数据传输具有更高的可靠性。此外，蓝牙需要用户手动匹配才能实现通信，WLAN 在通信之前需要对接入点（AP）进行用户自定义设置，而 D2D 通信无须上述过程，提供了更好的用户体验。此外，D2D 还可以满足人与人之间大量的信息交互，且传输速度更快，相比于免费的 WIFI Direct 却有更好的 QoS 保证。

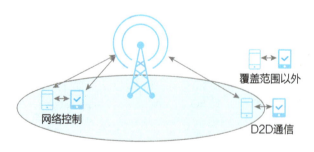

图 1-20　D2D 通信

9. 无线自组织网络

在无线自组织网络（无线 Mesh）中，任何无线设备节点都可以随时作为接入点和路由器发送和接收信号，或与一个或多个对等节点进行直接通信。如果最近的接入节点由于流量过大而拥塞，则数据可以自动重路由到流量较小的临近节点进行传输，并且继续路由到离下一跳最近的节点，直到到达目的节点，完成多跳访问。无线 Mesh 与传统网络相比去掉了节点间的布线需求，但仍然具有分布式网络的冗余备份机制和重路由功能。添加或者移动设备时，无须重新布线，网络能够自动发现拓扑变化，设备间可以自动进行配置并确定最佳的多跳传输路径。

对于 5G 网络部署来讲，无线 Mesh 的应用可以支撑在任意便于部署的位置建设微基站，回传数据包无须通过架设高速有线线路与传输网络相连接，而可以通过无线网络就近路由到微基站，实现回传路径的选择优化和传输保障。

1.2　5G 如何改变社会

在中国特色社会主义新时代的背景下，社会的主要矛盾已经转化为人民日益增长的美好生活需要和不平衡不充分的发展之间的矛盾。5G 作为国家重点点名的新基建的核心，为化解社会主要矛盾奠定了坚实的基础。

5G 是通信行业的"风"，这风迅疾有力。一方面能够为公众提供更快、更稳、更高质量的通信服务，支撑新的移动通信业务，弥补现有移动通信系统功能和性能上的不足，以更亲民的价格为用户提供更好的信息服务体验；另一方面，5G 是工业、医疗、教育、交通等行业走向网联和互通不可或缺的链条，能够推动各行各业的信息交互和资源共享，促进整体社会水平的快速良好发展，大幅提升人民群众的生活质量。

5G 是科技发展的"雨"，这雨润物无声。5G 是互联网、人工智能、自动驾驶、工业互联网等新技术落地的必要通用平台，在 5G 的加持下各项技术均有望突破现有的技术瓶颈，迈向更高的台阶，激发科技的创造力，提高社会生产力，推动社会资源分配和人才供给模式的变革，使国家和社会具有更加充沛的科技原动力。

5G是国家发展战略的"火",这火点燃梦想。5G的建设和应用能够为国家创造巨大的经济效益和社会效益,为社会整体发展创造新的机遇,为人民创造更多更好的就业机会。我国的通信行业将在全球通信领域的竞争中占据更重要的位置,通信带来的经济动能转换、产业结构升级和社会发展转型的驱动力能够使得我国领先成为新一轮工业革命的推动者,能够助力我国实现"两个一百年"的伟大梦想。

1.2.1　5G与新基建

自"新基建"这个概念在2015年7月第一次出现在国务院文件中以来,便一直受到国家的重点关注。据2020年4月国家发展和改革委员会(以下简称发改委)对于"新基建"概念和内涵做出的解释来看,新型基础设施是以新发展理念为引领,以技术创新为驱动,以信息网络为基础,面向高质量发展需要,提供数字转型、智能升级、融合创新等服务的基础设施体系。新基建侧重5G、数据中心、人工智能、工业互联网、物联网等新技术,主要建设内容包含5G基建、特高压、城际高速铁路和城际轨道交通、新能源汽车充电桩、大数据中心、人工智能和工业互联网7个领域。

1. 什么是新基建

基础设施建设服务于社会经济发展,我国社会经济发展正处于由高速增长转化为高质量增长的关键阶段,产业链面临向中高端转型,新型基础设施建设面临着符合时代特征的新的要求。现有基础设施需要进行信息化升级改造,计划部署建设的新型基础设施需要能够作为5G、人工智能、大数据、云平台、工业互联网等新技术的基础支撑平台,并且配套教育、医疗、卫生、交通等关键领域的技术创新和消费升级。

我国已经进入消费主导的经济时代,中等收入群体规模持续扩大,人民生活水平不断提高,服务类消费支出快速增长,新基建应该更好地应用于消费升级,满足人民群众的娱乐需求和精神需求。正如习近平总书记所说:"世界正在进入以信息产业为主导的经济发展时期。我们要把握数字化、网络化、智能化融合发展的契机，以信息化、智能化为杠杆培育新动能"，依靠新基建形成在新一轮科技革命和产业革命中的新动能，提高创新能力，紧抓通信这个未来科技发展的制高点，把握智能时代变革的机遇，提高综合国力。

2. 如何搞好新基建

新基建的关键在于"新"，其核心内容主要包括 5 大崭新理念，分别是新领域、新地区、新主体、新方式和新内涵。5G 作为新基建的重中之重，针对以上各个核心理念都具备其独特内涵。只有抓好新基建几个方面的新特点，才能搞懂新基建，搞好新基建。

（1）新领域　5G 领衔新基建，在此时此刻的科技发展和产业发展情况下，与云计算、物联网、人工智能等领域共同构建了新基建的"新领域"，是信息化基础设施建设的核心。基础设施建设的领域已经不再是传统的公路、铁路、电力、能源等方向，随着经济社会的不断发展，高投入、高消耗的发展模式已经不再适合我国当代社会的需要，信息化和智能化带来的高效率的多产业融合的良性互助发展才是未来经济社会发展的新趋势。5G 与现有通信系统相比，具有更丰富的功能和更强大的性能，加之与其他传统行业和先进科技易于融合的特性，使它们能够碰撞出更多新产业、新业态和新模式。5G 新基建的应用场景主要包括应用于超高清视频和 3D 视频、远程云办公、VR、AR 等的增强型互联网，应用于智慧城市和智能家居的海量连接物联网，应用于工业自动化和自动驾驶的超低时延高可靠通信等。5G 作为新基建之首，在社会发展大趋势中为海量数据共享和信息互联提供了可用、易用、好用的传输通道，是当代信息化和智慧化生产结构中的静脉和血管，为人工智能构成的心脏，为云计算构成的大脑，为智能制造构成的四肢和躯干，源源不断地供给养料。

（2）新地区　所谓"新地区"，即因地制宜，在目前实际发展水平和对未来发展水平进行合理预测的情况下，根据各地不同经济情况和人口情况进行基础设施建设。截至 2019 年，我国城镇化率为 60.6%，各城市群和都市圈人口不断增加，越来越多人口向城市群和都市圈涌入。据预测，到 2042 年，我国城镇人口将达到峰值，新增城镇人口约 1.9 亿，其中 80% 将分布在 19 个城市群，60% 左右将分布在长三角、珠三角、京津冀、长江中游、成渝、中原、关中平原的7大城市群。

新型基础设施的根本目的是为产业服务，为社会服务，对于人口大量流入的地区，要重点加强新型基础设施的建设。依据人口向优势区域集中的客观规律，对于这19大城市群，应该重点加强5G建设，投入更多通信资源，保障5G本身的通信质量和性能优势。同时，找齐在医疗、卫生、教育、交通等重点领域资源的不足，通过产业信息化优化医疗、卫生、教育和交通领域的资源配比和质量，并且提高资源利用率，保障城市群和都市圈的资源优势持续向好发展，维持对于各行业高级人才的吸引力和与其他区域相比的核心竞争力。对于中、小城市等人口大规模流出的区域，应该进行适当的5G新基建建设，避免盲目大规模建设造成的资源浪费，避免各地政府的负债压力，将国家的资金投入尽量用到有意义的地方去，用到能够提高国民生活水平、生活满足感和幸福感的地方去。

（3）新主体　所谓"新主体"是指新基建民间投资的新主体，即消除民营企业投资新型基础设施建设的限制，让市场发挥资源配置的决定性作用。目前民间投资在全部固定资产投资中的占有比例超过60%，但是在各基础设施领域中固定资产投资占比仅为20%~30%，传统基础设施建设行业对于民间投资的准入门槛较高、渠道较窄、限制较多。在新型基础设施建设中，在排除市场准入负面名单上的企业后，要对其他企业主体给予平等竞争的机会，确定投资资格的方式要合理，设置的注册资金、资产规模、银行存款或融资意向函等条件不得超过基础设施项目实际需要的注册资金，规定的准入条件不能与项目投资、建设、运营等无关。不涉及公共信息且具备一定商业价值的新基建领域，会有大批企业有意向进行研究和投入，政府主管部门主要通过制定产业规划策略、行业管理规则和设施技术标准来保证新型基础设施建设市场规范有序进行；对于涉及公共信息、商业价值低但非常有必要的建设内容，政府应当积极主导，带头投入建设。在5G建设中，因为涉及大量公共信息，连带与之相关的公共大数据中心和云平台，其主要的投资和建设主体仍然是政府和三大运营商，需要国家实施积极的财政政策，统筹大量财政资金，投入到5G新基建中来。这更体现了"新地区"和"新方式"两个特性对于5G新基建的深远和重要影响。

(4）新方式 "新方式"是指对于新基建的投资，国家财政调配和私人资本融资要两手抓，一方面采取积极的财政政策，给予新基建政策支持；另一方面推动PPP融资模式（公共私营合作制），吸引民间资本提高建设效率。同时，还应该对新基建的建设重点和建设顺序做好统筹规划，结合实际情况，防止无效投资。国家预计5年内至少为5G投资1.2万亿，是4G基础设施建设的1.55倍，到2024年预计建设5G基站超500万个。

(5）新内涵 "新内涵"即推进深层次体制机制改革，提高国家综合治理能力，给"新领域""新地区""新主体""新方式"的实施和落地提供政策保障，让新型基础设施的建设能够迅速、稳定、高效地推进下去，夯实智能经济发展和产业数字化转型的基础，实现我国综合国力的伟大飞跃。

3. 新基建之首——5G

国家发改委和工业和信息化部（以下简称工信部）联合下发的《关于组织实施2020年新型基础设施建设工程（宽带网络和5G领域）的通知》，正式奠定了5G作为新基建之首的不可动摇的重要地位。5G除了其2C的通信功能外，还囊括运算和存储功能，是当代和未来信息网络的重要组成部分。通知中下发了7项5G创新应用提升工程的申报通知，分别是面向重大公共卫生突发事件的5G智慧医疗系统建设；面向"互联网+"协同制造的5G虚拟企业专网建设；面向智能电网的5G新技术规模化应用；基于5G的车路协同车联网大规模验证与应用；5G+智慧教育应用示范；5G智慧港口应用系统建设；5G+4K/8K超高清制播系统基础设施建设。国家在关乎社会民生的各个产业率先建立起的一批示范案例中都离不开5G的参与和支撑。网络的价值与其用户数的平方成正比例，5G网络的用户节点越多，它所创造的价值便越高，没有网络就没有了一切，它为每一寸土地的数字化和智慧化奠定了基础。

1.2.2 从5G到5G+

5G是一种通用目的技术，可以与其他技术互补且应用领域广泛，故5G可以在各行各业中被大范围应用于与其他技术的交互和融合，并催发出新的生命力。5G其本身作为新一代的移动通信技术能够提供更广泛、更高效、更安全的网络连接，同时在其自身不断变化和演进的同时也能够促使其他技术领域创造新的应用和价值，提高社会科技水平和生产水平，影响人们生活的方方面面。

1. "5G+"的概念与内涵

"+"意味着"融合"与"促进"。"融合"即实现万物互联，结合海量数据，黏合各行各业，构建信息化社会的坚实基础；"促进"即5G弥补其他行业的技术短板，助力各生产、生活场景实现颠覆式变革。"5G+"是以5G为基础，发挥移动通信的根本优势，通过连接各领域新基建、传感器和制造设备等硬件设备，为云平台、数据中心等计算和存储单元供应数据，利用人工智能、感知融合等技术处理和解决问题，赋能医疗、电力、教育行业解决民生问题，赋能交通、物流行业便捷民众生活，赋能互联网和娱乐行业，从而提升整个社会的精神文明水平。正如中国移动倡导的"世界因5G而美好"，"5G+"与各领域先进技术的有机结合是实现网络强国战略的重要落点，也是让民众能够在生活的方方面面切身感受到国家科技水平飞速发展，大幅提高总体生活水平的重要举措。

"5G+"与5G不同的是，它不再是政府和电信运营商主导的研发、建设和运营，而是需要与传统企业、高等学府、科研院所、社会资本共同构建相对开放的创新和经济联合体。要将科技的发展引入到行业应用和市场经济中去，同时也将行业应用和市场经济的需求反馈到科技创新中来，才能推动5G在更广泛的范围内和更丰富的领域里发挥其优势，体现其以"应用为根本"的核心内涵。另外，要将联合产业的工程应用型研究落实到具有示范效应的重点场景中去，再将示范场景扩展到行业里去，发挥"5G+"在关键领域和关键节点的促进作用，加速各行业的信息化和智慧化历程，实现各行业的产业繁荣。

2. "5G+"与新生活

"5G+"将从医疗、教育、娱乐等日常生活的方方面面为我们带来全新的生活体验。

医疗资源分布不均衡、就医挂号排队困难、医患关系紧张已经成为很多人生活中对于医疗行业的固有印象。良好的医疗资源多集中在大城市,乡镇和中小城市的患者为了更专业的医护人员、更完备的医疗设施、更先进的治疗方案不得不长途跋涉来到大城市就医;为了挂到热门科室的专家号不得不提前很久在网上抢号或当天一大早去医院排队;医疗资源数量有限,医患之间沟通不足导致医患关系一直非常紧张。

"5G+医疗"可以被应用于智能导诊、远程会诊、医疗设施互联和救护车调度,构建医院内外、各医院之间覆盖就诊全流程的线上线下一体化医疗服务体系,在很大程度上解决以上这些问题。5G 远程会诊利用 VR 眼镜、MR(Mediated Reality,介导现实)、智能医疗眼镜等,基于 5G 网络可以实现 4K 高清实时看诊和检查信息共享,避免异地就医的奔波和挂号排队的困难;5G 查房机器人可以让医疗专家通过机器人上配备的 4K 高清摄像头远程实时关注病人的情况,并对机器人下发指令,在让病人享受更好的医疗服务的同时避免了因情绪导致的医疗纠纷;5G 救护车可以在急救现场对患者进行生命体征检查,并将医疗影像、检查结果等实时传输到医院和应急指挥中心,还能接收医院的实时救护指导,为拯救病人的生命争取宝贵时间。5G 急救车应用方案如图 1-21 所示。

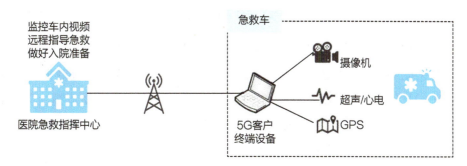

图 1-21 5G 急救车应用方案

新冠肺炎疫情期间,大部分学生都拥有了老师远程授课的体验,授课过程中视频播放卡顿、师生互动交互体验差等问题被反复提及。城乡教育资源配置不均衡、乡村教育配套设施不完备的问题使得如何实现教育公平成为困扰我国社会发展多年的难题。"5G+教育"让本来只存在于科技馆的沉浸式学习体验能够以 VR

和 AR 技术为平台，走进普通院校里去，走近人民生活中去。同时，网上授课从社会层面上实现了教育公平，让贫困儿童可以选择自己的命运，让全社会每个人可以贯彻"终身学习"的愿景。5G 慕课解决方案如图 1-22 所示。

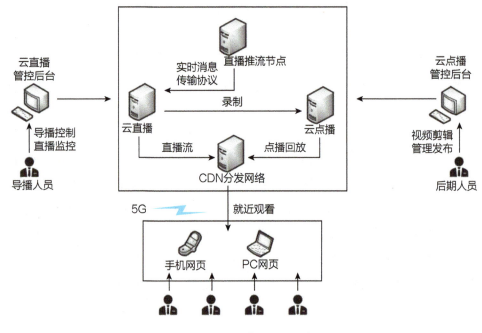

图 1-22　5G 慕课解决方案

"5G+娱乐"能够彻底颠覆民众的娱乐生活方式，内容更加清晰、互动性更强、更令人沉浸。5G 的超强承载能力使得 4K/8K 超高清视频、三维声技术走入千家万户成为可能。大型赛事和演出的超高清直播影像将非常细腻流畅，不存在模糊和闪烁现象，配合具有三维空间感的声音，能够使观众在观看时获得与真实世界中非常相似的沉浸感受。

5G 的大带宽、低时延同时也为游戏上云提供了肥沃的成长土壤。游戏运行以云计算为基础，用户无须下载安装游戏，游戏的全部运算和渲染都在云端服务器完成，用户终端也无须配备高端显卡或处理器，只需要接收和显示命令，为游戏玩家降低了准入门槛，创造了更丰富的场景，也提升了用户体验。5G 云 AR/VR 方案如图 1-23 所示。

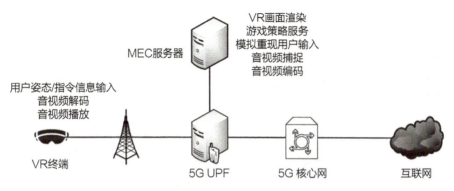

图 1-23　5G 云 AR/VR 方案

3. "5G+"与新产业

"5G+"的促进作用极大程度上体现在 5G 加速各传统行业的数字化转型升级上。5G 作为传统行业的数据链条，可将云平台、网络安全、人工智能等技术融合到传统行业的生产运营过程中去。

谈到"5G+交通"，智能网联汽车是当下炙手可热的前沿技术研究方向。目前车载信息服务功能已经在全球范围内投入商用，车辆可以通过车载通信模块获得路线导航、路况信息等。随着 5G 的大范围铺开，网络性能将大幅提升，车载服务信息的种类和功能也将不断丰富。辅助驾驶和初级自动驾驶是目前测试和试点的重点，车载传感器收集的道路信息和运行对象信息基于感知融合技术和深度学习指导车辆行为，并正随着 5G-V2X 技术的完善逐步过渡到车与车之间的信息交互和车与路侧之间的数据互联上去。智能网联汽车的终极发展目标是实现高等级自动驾驶以及车路之间的高等级协同。随着车与车之间、车与路之间、车与云之间的网络全面打通，社会总体交通资源将得到更为充分的利用，人们的出行方式也将迎来彻底的变革。

除此之外，5G 也将为航空通信带来深刻变革。凭借其超大带宽、范围覆盖广的特性，5G ATG 可以实现高空立体覆盖和高速数据传送。结合同样蓬勃发展的卫星互联网技术，可以实现乘客在飞机上的无线网络覆盖。5G ATG 解决方案如图 1-24 所示。

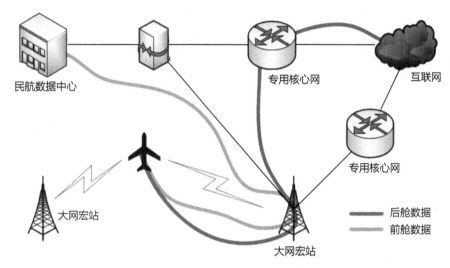

图1-24　5G ATG解决方案

2015年3月5日，李克强总理在全国两会上首次提出了"中国制造2025"。我国要从制造业大国向制造业强国转变，最终实现制造业强国的目标，需要通过信息化和工业化两化的深度融合来引领和带动整个制造业的发展，"5G+工业互联网"的结合就是其重点。

目前已有很多工厂部分实现了智能化生产，但是现有网络连接以工业级专网和WIFI为主，可靠性和设备连接能力都不能满足未来工业互联网的需求，经常出现丢包断网和设备掉线的问题。5G的高可靠性、海量终端连接和广覆盖特性能够解决网络连接问题，并提供可靠的接入服务。"5G+工业互联网"还能够在工厂内实现高可靠低时延的自动化生产信息上报、工业控制、生产环境监控、设备信息采集、头像采集、车间运输车自动控制、人工巡检的视频/语音交互等。工厂外，"5G+工业生产"能够通过VR和传感器实现生产运输车辆的远程控制、设备运行状态监控和产品监控。同时，工厂内、外的数据通过5G移动网络上传到各生产单位的定制网络平台可以实现与工业应用平台的融合，实现工业制造的信息化升级，深入各个生产环节，助力工厂降本增效。

智能电网是在传统电力系统基础上，通过集成新能源、新材料、新设备和先进传感技术、信息技术、控制技术、储能技术等新技术，形成的新一代电力系统,具有高度信息化、自动化、互动化等特征,可以更好地实现电网安全、可靠、经济、高效运行。

"5G+智能电网"可以在发电、输电、变电、配电、用电的 5 大环节中发挥重要作用。现有电力通信网主要采用光纤通信、无线通信和电力线通信 3 种方式。

1) 发电、输电、变电主要使用光纤网络,系统复杂、部署成本高且不具备移动性,难以承载智能电网中的海量设备,也无法满足视频监控和巡检等业务的网络容量。

2) 配电通信网目前光纤应用率低,考虑到海量通信节点以及高昂的光纤部署成本,可采用灵活的无线通信。

3) 用电通信网的主要承载网络是电力线通信和 3G/4G 无线网络,不能满足智能电网与用户之间的实时信息交互。

"5G+智能电网"可实现能源调控、配电自动化、用电需求快速响应、无人巡检和实时监控等功能,实现用电精细化管理和电网智能化升级。智能电网高级计量场景解决方案如图 1-25 所示。

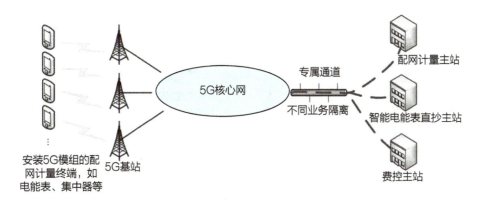

图 1-25 智能电网高级计量场景解决方案

4. "5G+"与新保障

当 5G 被应用到智慧城市甚至智慧地球的建设中去时,能从"5G+安防""5G+环保""5G+政务"等方面给予我们的社会生活新的保障。

2015年5月,国家九部委联合发布了《关于加强公共安全视频监控建设联网应用工作的若干意见》,要求到2020年,基本实现"全域覆盖、全网共享、全时可用、全程可控"的公共安全视频监控建设联网应用,做到重点公共区域视频监控覆盖率达到100%,重点行业、领域的重要部位视频监控覆盖率达到100%,重点公共区域视频监控联网率达到100%,重点行业、领域涉及公共区域的视频图像资源联网率达到100%,实现视频图像信息的全天候应用,重要视频图像信息不失控,敏感视频图像信息不泄露。

然而现有的摄像头密度有限,无法做到真正的全面覆盖;人工查看视频对于精力消耗太大,效率很低;人口密度过大的区域监控效果不佳;各区域和部门之间的数据资源存在壁垒,无法跨域进行数据分析和案件侦查。将5G与安防相结合,将监控数据实时回传至云平台进行数据分析,采用基于人工智能的智慧摄像头进行视频识别和行为判断,可以释放大量警力。利用5G全覆盖、海量连接的特性可以连接无人机等可移动性监控设备,进行多维度、多角度的监控,消除监控视觉死角,极大提升社会安全保障效率,提高社会安全保障能力。5G平安综合治理业务流程如图1-26所示。

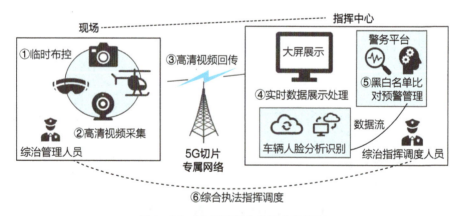

图1-26 5G平安综合治理业务流程

节能环保自"十三五"提出发展生态文明建设以来已经成为国家的战略新兴产业之一,国务院办公厅印发的《生态环境监测网络建设方案》要求实现全面覆盖、互联共享、预报预警、监管联动。经过若干年的发展,我国环境监测在物理监测、化学监测、生物监测、生态监测、卫星监测和遥测等方面已经取得了一定的进展,但仍然面临许多问题,如监测站点分布密度不够、监测精度参差不齐、高精度设备受成本所限无法进行大规模部署、监测执行自动化程度较低等。

"5G+环保"可以利用 5G 网络大带宽、低时延、低功耗的特性部署车载传感器、无人机、可穿戴传感器等,在控制成本的前提下提高监测设备密度和覆盖率,根据不同区域的不同特点部署不同的监测设施,减少人工抽样监测的同时,实现 7×24h 的实时监测。这种利用"5G+环保"的全新举措可以大幅提升环保取证效率,实现智慧化、精细化的环境管控,提高生态文明建设总体水平,提升人民生活质量。5G 网格化环境监控系统如图 1-27 所示。

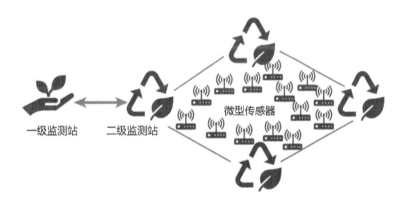

图 1-27 5G 网格化环境监控系统

政务服务是政府职能中距离群众生活最近的部分,提高政务服务信息化水平、规范政务服务流程、提高政务服务质量无论是对国家管理还是人民生活都具有重要的作用。自 2016 年国务院印发《关于加快推进"互联网+政务服务"工作的指导意见》起,各省市政府均已开始建设"互联网+政务"的公共服务平台,然而政务服务互联化的业务流程还不够完善,办理系统可用性还不够高,各省市、各部门间的数据壁垒还未打通,政务大厅在政务服务中仍然占据着主导地位。

"5G+政务"运用 5G、VR、AR、超高清视频等技术,让用户足不出户就可以办理业务,全程有人工智能系统进行操作指引、互动服务和智能审批,让用户避免了因为办理时间冲突、办理流程不清晰、缺少相关材料等疲于奔走于办事大厅之间。各部门、各区域之间通过大数据中心和云平台能够实现数据共享和信息交互,审批流程简洁快速,申请、初审、受理、审查和决定等众多环节可以在极短时间内全部完成,极大提升了信息化政务平台的可用性和时效性,为人民群众的日常生活提供了巨大的便捷。

第 2 章 从智能交通到智慧交通

作为人类生产生活的缩影,交通的发展反映了人类社会政治、经济及科学技术的发展水平。从仅仅依靠双腿步行、奔跑,到不同文明的人类不约而同地发明轮子,通过畜力驱动车辆;从开凿独木舟、编织竹排在河湖中行进,到万吨级巨轮在汪洋中前行;从梦想飞上蓝天,到洲际遨游、太空漫步,交通的边界不断延伸。

本章将从交通的内涵与历史展开,介绍传统交通到智能交通、智能交通到智慧交通的发展历程,并对智慧交通的总体框架与产业版图进行梳理。

2.1 什么是交通

交通是指所有通过工具(火车、汽车、摩托车、船、飞机等)或仅靠人力进行的人流、客流和货流的交流运输,但广义解释也包含邮递、电信等人际资讯方面的交流,是运输和邮电的总称。运输是人和物借助交通工具的载运,产生有目的的空间位移,邮电则是邮政和电信的总称。

交通运输是连接生产和消费的中间环节,是要素和商品流动的媒介,是实体经济的重要组成部分。纵观历史,交通运输都是科技革命的先发领域,交通运输变革又无一例外引发了经济跃迁发展。

交通是随着人类生活和生产的需要而发展起来的。古代,人们为了生存取水,尽量沿河生活,水上交通就成为最早产生的运输方式。"伏羲氏刳木为舟,剡木为楫",说明独木舟早已在中国出现。在陆上交通方面,驯化马、牛、驴作为陆运工具出现得最早,此后出现马牛拉车,从而促进了道路的人工修筑,直至出现丝绸之路。

我国古代也有着先进的运河体系。春秋时期,吴王夫差命人开凿的邗沟(即淮阳运河)是我国最为古老的运河河道。后续帝王都各自开凿地方水系,直到隋炀帝下令陆续开凿通济渠、永济渠,并对邗沟进行改造,形成了洛阳到杭州之间1700多千米的大运河,为随后的隋唐盛世打下了重要基础。

古代地中海的腓尼基人和濒临地中海的希腊人在造船、航海方面均较领先。11世纪中国将指南针用于航海,促进了世界航海技术的发展。哥伦布发现新大陆,麦哲伦的环球航行,都推动了水上运输的进步。

18世纪下半叶蒸汽机的发明导致了产业革命,促进了机动船和机车的出现,从此开始了近代运输业。1807年美国人富尔顿首次将蒸汽机用于克莱蒙脱号货轮上,第一艘机动船诞生。1825年英国发明家史蒂芬森制造的蒸汽机车在英国斯托克顿—达灵顿铁路上运行成功。19世纪末到20世纪初汽车、飞机相继问世。1885年德国人本茨(即奔驰汽车的创始人)制成以内燃机为动力的汽车。1903年美国人莱特兄弟制成第一架内燃机推动的双翼飞机。管道运输在20世纪50年代后,伴随石油和煤炭的大量输送而发展起来。

古代的信息传送主要靠人力进行,用以传达军、政命令,途中设置邮驿。中世纪出现过私营邮递组织。17世纪后,英、法等国出现专门的邮政,同时为官为民提供通信服务。1840年英国人希尔提出发行邮票,采用均一邮资制,是近代邮政的开端。中国于1896年建立了近代邮政。

近代电信始于1837年美国人莫尔斯发明的电报机。1876年贝尔发明了电话。1895年意大利人马可尼和俄罗斯人波波夫几乎同时发明了无线电报。这些发明具有划时代的意义。20世纪50年代后半导体与集成电路出现,形成大规模的现代化通信。

交通运输是经济发展的基本需要和先决条件,现代社会的生存基础和文明标志,社会经济的基础设施和重要纽带,现代工业的先驱和国民经济的先行部门,资源配置和宏观调控的重要工具,国土开发、城市和经济布局形成的重要因素,对促进社会分工、大工业发展和规模经济的形成，巩固国家的政治统一和加强国防建设，扩大国际经贸合作和人员往来发挥着重要作用。总之，交通运输具有重要的经济、社会、政治和国防意义。

目前，以 5G、大数据、云计算、深度学习、人工智能、物联网、新型材料等先进技术为代表的第四次科技革命方兴未艾，新的科技革命将对整个交通运输领域的产业结构产生深远影响。这种影响不仅限于"领域—行业—专业"某一层级的"内"与"外"，而是横向在全产业链铺开，纵向贯穿全层级结构，在基础设施、交通装备、运行服务、行业治理等方向将催生大量新产业、新业态、新模式。

2.2 从传统交通到智能交通

智能交通系统（Intelligent Transport System，简称 ITS）的设想起源于 20 世纪 60 年代的美国，其标准概念由美国智能交通协会（ITS America，曾名 IVHS America）在 1990 年定义，并在世界各国大力推广。

20 世纪末，随着社会经济和科技的快速发展，城市化水平越来越高，机动车保有量迅速增加。交通拥挤、交通事故救援、交通管理、环境污染、能源短缺等问题已经成为世界各国面临的共同难题。无论是发达国家还是发展中国家，都毫无例外地承受着这些问题的困扰。在此种大背景下，诞生了以实时、准确、高效为目标的综合运输和管理系统，即智能交通系统。

智能交通系统，是将当时先进的科学技术（信息技术、计算机技术、数据通信技术、传感器技术、电子控制技术、自动控制理论、运筹学、人工智能等）有效地综合运用于交通运输、服务控制和车辆制造，加强车辆、道路、使用者 3 者之间的联系，从而形成一种保障安全、提高效率、改善环境、节约能源的综合运输系统。

20 世纪 90 年代以来，ITS 得到了突破性进展，经过 20 余年的研究与应用，国际 ITS 领域已经形成以美国的"智能车辆—公路系统"、欧洲的"尤里卡"联合研究开发计划和日本的"先进的动态交通信息系统"为代表的三强鼎力局面。下面将对美国和日本的 ITS 系统发展情况做一些基本介绍。

2.2.1　ITS 发源地——美国

1976—1997 年的 20 余年间，美国每年车辆公里数平均上升 77%，而同期道路建设里程仅增长 2%，在交通高峰期，54% 的车辆发生堵塞。为了解决这一困境，美国从 20 世纪 80 年代开始开展智能交通系统的研究与规划。1990 年，"IVHS（Intelligent Vehicle-Highway System）America"项目成立。

1991 年美国国会通过《综合地面运输效率方案》。1994 年，IVHS 正式更名为 ITS America，即美国智能交通协会。1995 年美国交通部正式出版了《国家智能交通系统项目规划》，明确规定了 ITS 的 7 大领域。1996 年亚特兰大市交通局运用已有的智能运输系统的技术成果开发了奥运会交通控制管理系统，为第 26 届奥运会提供了有效服务。2001 年美国运输部和 ITS America 联合编制了《美国国家智能交通系统 10 年发展规划》，明确了区域间作为一个整体系统发展建设的主题。在既定规划下，美国 ITS 建设不断完善，缓解了日益恶化的交通拥挤和无力继续扩展交通基础设施形成的突出矛盾。美国 ITS 体系由 7 个子系统及各自的分系统构成，如图 2-1 所示。

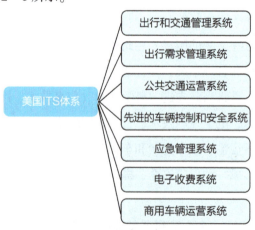

图 2-1　美国的 ITS 体系

2.2.2 ITS 试验场——日本

我们的邻国日本地少人多，其人口密度远远超过我国，每天却有数千万辆机动车在路上行驶，引发的交通拥堵、环境污染等交通问题非常严重，依靠建设新的道路网来解决此类问题对日本而言更加困难，因此发展智能交通系统，有效利用现有道路资源，是解决问题的关键和必经之路。

日本是意识到智能交通重要性最早的国家之一。1973年日本提出了"综合汽车交通控制系统"，研制出一套道路导航系统并进行了试验。20世纪80年代，日本实施了"道路—汽车通信系统"和"先进机动车交通信息和通信系统"（后经改进，这两个系统合并为"车辆信息和通信系统"）。20世纪80年代末到90年代，日本建立了"先进道路运输系统"，在该项目的建设中形成了以道路、车辆一体化来改善道路交通的概念。同期研发的其他项目包括超级智能车辆系统、先进安全车辆系统、通用交通管理系统等。1994年1月日本成立了"道路—交通—车辆智能化推进协会"，该协会进行了一系列与ITS有关的活动，ITS逐渐在私营领域形成了市场，基于数字地图的GPS汽车导航系统以及其他技术实现了商业化。

1994年11月日本进行了5个月的电子不停车收费系统（Electronic Toll Collection，ETC）的野外试验，同时还进行了全国范围内的无线电评估测试，选择5.8GHz作为日本DSRC（Dedicated Short Range Communication，专用短程通信技术）频率，并于1996年8月出版了《共同研究报告》。1995年2月，由日本首相直接领导的"具有先进通信与信息的社会筹划组"提出了《促进先进通信与信息社会的基本指导方案》。1995年8月，提出"在道路、交通、车辆领域实现先进通信与信息技术的政府指导方针"，并开始进行ITS的研究与实际应用。1997年1月，日本TC204委员会完成了DSRC标准的制定工作。1998年长野冬季奥运会实际验证了基于3G的车辆运行管理系统。1996年开始试行道路交通情报通信系统（Vehicle Information and Communication System，VICS）。日本VICS中心的数据显示，截至2010年年底，VICS车载机保有量达3000万台，这是当时世界上最大的动态导航系统，累计创造产值600亿美元。

日本ITS体系框架细分为10个子系统，如图2-2所示。

2.2.3　中国的ITS发展历程

我国ITS的起源可追溯到20世纪70年代末的城市交通信号控制试验研究，其在20世纪90年代中后期开始迅速发展。1995年，交通部ITS工程研究中心进行了"全球卫星定位系统（GPS）与导驾系统"和"基于GPS的路政车辆管理系统"等项目的研究，此外，交通部与各省厅联合开展了"网络环境下不停车收费系统"的攻关工作。1999年1月，广州市"一卡通"不停车收费系统投入运行。同期，交通监控、汽车智能导航等系统以及大量ITS科研成果和技术产品得到了实际应用。1999年11月，交通部和科学技术部（以下简称科技部）等10多个相关部门组成了国家智能交通系统工程技术研究中心。

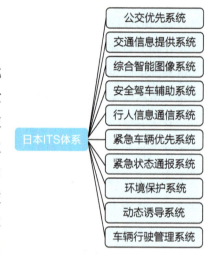

图2-2　日本的ITS体系

2001年科技部正式推出《中国智能交通系统体系框架》（第一版）。2002年正式启动的国家"十五"科技攻关计划专项中，设立了"智能交通系统体系框架及支持系统开发"项目，该项目于2005年基本完成。同时，国家计划委员会（现国家发改委）制定了《"十五"综合交通体系发展重点专项规划》，规划中明确提出以市场经济为导向，以可持续发展为前提，建立客运快速化和货运物流化的智能型综合交通运输体系的发展目标，这是ITS首次以国家文件的形式列入我国政府的发展规划。

2002年4月，科技部正式批复"十五"国家科技攻关"智能交通系统关键技术开发和示范工程"重大项目正式实施，将北京、上海等10个城市作为试点城市，陆续制定并出台了ITS发展规划。

2007年10月，第十四届智能交通世界大会在北京举行，大会展示了中国近年来各部门、各地区在 ITS 领域所取得的成就,并加强了中国在 ITS 领域与国外的交流与合作。此外,城市和城间道路交通管理的 ITS 关键技术研究更加深入,交通信息采集设备、专用短程通信设备、车载信息装置等硬件设施也都取得了不同程度的发展和应用。我国智能 ITS 进入快速发展期,在软件和终端产品开发上也取得了相当大的进展。到 2015 年已全面建成以高速公路为主体的公路运输主骨架。

2.2.4 中国的 ITS 框架

我国于 2002 年正式启动国家"十五"科技攻关计划 ITS 专项,设立了由国家智能交通系统工程技术研究中心承担的"智能交通系统体系框架及支持系统开发"项目,2005 年完成了《中国智能交通系统体系框架》(第二版),其在规范化、系统化、实用化等方面取得了实质性的进展。图 2-3 所示为《中国智能交通系统体系框架》(第二版)中确定的我国目前 ITS 的体系框架。

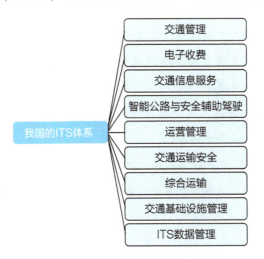

图 2-3 我国的 ITS 体系

目前我国 ITS 体系框架的基本情况如下:用户服务包括 9 个服务领域、47 项服务、179 项子服务;逻辑框架包括 10 个功能领域、57 项功能、101 项子功能、406 个过程、161 张数据流图;物理框架包括 10 个系统、38 个子系统、150 个系统模块、51 张物理框架流图;应用系统包括 58 个应用系统。

- **交通管理**：用户服务领域包括交通动态信息监测、交通执法、交通控制、需求管理、交通事件管理、交通环境状况监测与控制、勤务管理、停车管理、非机动车和行人通行管理 9 项用户服务。
- **电子收费**：用户服务领域仅包括电子收费 1 项用户服务。
- **交通信息服务**：用户服务领域包括出行前信息服务、行驶中驾驶人信息服务、旅途中公共交通信息服务、途中出行者其他信息服务、路径诱导及导航、个性化信息服务 6 项用户服务。
- **智能公路与安全辅助驾驶**：用户服务领域包括智能公路与车辆信息收集、安全辅助驾驶、自动驾驶、车队自动运行 4 项用户服务。
- **运营管理**：用户服务领域包括运政管理、公交规划、公交运营管理、长途客运运营管理、轨道交通运营管理、出租车运营管理、一般货物运输管理、特种运输管理 8 项用户服务。
- **交通运输安全**：用户服务领域包括紧急事件救援管理、运输安全管理、非机动车及行人安全管理、交叉口安全管理 4 项用户服务。
- **综合运输**：用户服务领域包括客货运联运管理、旅客联运服务、货物联运服务 3 项用户服务。
- **交通基础设施管理**：用户服务领域包括交通基础设施维护、路政管理、施工区管理 3 项用户服务。
- **ITS 数据管理**：用户服务领域包括数据接入与存储、数据融合与处理、数据交换与共享、数据应用支持、数据安全 5 项用户服务。

2.3 智能交通到智慧交通，既是技术的革新又是思维的革命

2009 年，IBM 提出了智慧交通（Smart Transportation）的理念。智慧交通是在智能交通的基础上，融入人工智能、物联网、云计算、大数据、移动互联等先进技术。通过高新技术汇集交通信息，对交通管理、交通运输、公众出行等交通领域全方面以及交通建设管理全过程进行管控支撑，使交通系统在区域、城市甚

至更大的时空范围具备感知、互联、分析、预测、控制等能力,以充分保障交通安全,发挥交通基础设施效能,提升交通系统运行效率和管理水平,为通畅的公众出行和持续的经济发展服务。

"智能交通"与"智慧交通",两者一字之差,常常被人混用。智能交通侧重于交通信息采集、传递及数据化、可视化展示。智慧交通则是在智能交通原有功能的基础上,融入了"人的智慧",融入了更加先进的信息技术、通信技术、传感技术、计算机技术和系统综合技术,突出了数据的作用,将人、车、路、环境等有机结合起来,更加强调协同运作、个性化和智能化运作。

"智能"是技术系统所具有的属性,而"智慧"则与"人"紧密关联,对应于"人—机系统"。研究两者的差异和内涵,体现了我们对于"社会—技术"系统的思考,将有利于更好明确未来系统的层次结构,既防止对当前系统开发提出过多需求而造成初期推进困难,又避免缺少前瞻性导致所开发系统不能适应进化而被废弃。现代交通的发展历程如图2-4所示。

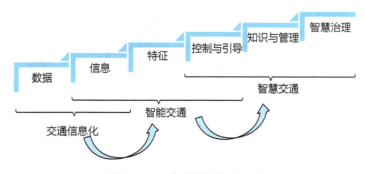

图2-4 现代交通的发展历程

智慧所能在于复杂的规律性推演,通过尽可能大的数据分析和关联分析,预判大概率事件,提高效率,优化结果。创造与变化是人们感受和体验世界的存在的重要途径,而人们所做的创造性工作,是人工智能难以替代的。

突出智能交通与智慧交通的区别,其本质是强调从单纯技术系统向"社会—技术"系统的演化过程,强调体系变革的阶段性和发展性,即从解决网络交通流问题到解决空间活动系统的组织问题,从解决出行问题到解决生活模式的引导问题,从宏观但相对粗放的对策体系向精细化、精准化的对策体系转换。

所以，从思维角度来说，智能交通是在交通系统中引入信息技术所产生的解决方案；而智慧交通是通过采用技术和政策手段，解决交通领域社会问题的人及混合系统。

智慧交通，更多地从个人体验角度出发。正如厦门市推出的人车分离的斑马线，如图2-5所示，它将行人与其他的自行车、电动车等分离开，行人在斑马线上通过，而车辆则从斑马线旁边的车道通行，这样就不会出现人车混杂通行，也让行人的人身安全得到了保障。这种以人为本的设计思路，其实是智慧交通最为关注的核心诉求。

图2-5 厦门市人车分离的斑马线

我们已经进入大数据时代，"数据为王"为智慧交通的发展带来了重大的变革。5G、人工智能、物联网、云计算、大数据等技术在交通领域的发展和应用，不仅给智慧交通注入了新的技术动力，也对智慧交通系统的发展和理念产生了巨大影响。随着技术的持续进步，智慧交通在交通运行管理优化、面向车辆和出行者的智慧化服务等各方面，将为公众提供更加敏捷、高效、绿色、安全的出行环境，创造更美好的生活。

2.4 智慧交通系统的总体框架

智慧交通作为信息技术与基础交通设施建设高速发展的融合，受到了越来多的重视。2014年，时任交通运输部部长杨传堂做了《深化改革 务实创新 加快推进"四个交通"发展》的报告，提出将"四个交通"（即综合交通、智慧交通、绿色交通、平安交通）作为当前和今后一段时期交通运输发展的主旋律，并指出智慧交通是实现"四个交通"的关键。

2017年，交通运输部印发《智慧交通让出行更便捷行动方案（2017—2020年）》，以智慧交通为主要抓手的交通运输信息化聚焦于交通运输服务、基础设施和决策监管等重要领域，加快智慧交通建设，提升基础能力，将目标着眼于"让交通出行更便捷、让运行管理更高效、让决策管理更科学"。

对于智能交通总体框架，有不少专家学者给出了各自的思考。本书基于交通行业信息化、智慧交通系统建设及应用现状，并基于现代信息技术的发展，特别是5G、人工智能、云计算、大数据技术，提出了以下智慧交通系统的总体框架体系，如图2-6所示，可以归纳为"五层次+三体系"。横向的五个层次从下往上分别为数据采集层、基础设施层、技术赋能层、数据服务层以及智慧应用层。纵向的三个体系指的是标准规范体系、信息安全体系以及管理制度体系。下面分别进行介绍。

图2-6　智慧交通总体框架

2.4.1 数据采集层

数据是信息时代一切应用的起点和基础,是大数据时代的命脉。"摩尔定律"深刻影响了IT、通信、电子等各领域,而这些领域的发展给智慧交通的数据采集带来了极大的便利。

对于实时交通数据的采集,主要有两种方式:一种是静态交通探测方式,主要是利用各种分布式的固定检测器或摄像机;另一种是动态交通探测方式。通常,用来采集交通流数据的定点检测器有摄像头、各种传感器(感应线圈检测器、超声波检测器、光电检测器、红外线检测器)、常规雷达等。动态交通探测方式是指基于位置不断变化的车辆或手机来获得实时行车速度和旅行时间等交通信息的数据采集方式。动态交通探测的典型方式包括车载摄像头、车载雷达、车辆自动检测、卫星定位系统(北斗、GPS等)装置,当然,还有人们形影不离的智能手机。下面将从数据采集技术、信息采集平台两个层面对数据采集层进行介绍。

1. 数据采集技术

以下为几种典型的路面数据采集技术。

(1)地感线圈　地感线圈(见图2-7)是一种电感器件(环形线圈)与车辆检测器构成的调谐电子系统。当车辆通过或停在线圈上时会改变线圈的电感量,激发电路产生一个输出,从而检测到通过或停在线圈上的车辆。

线圈检测技术成熟、易于掌握、计数非常精确、性能稳定。其缺点是交

图2-7　地感线圈

通流数据单一,安装过程对可靠性和寿命影响很大。修理或安装需中断交通,影响路面寿命,易被重型车辆、路面修理等损坏。另外高纬度开冻期和低纬度夏季路面以及路面质量不好的地方对线圈的维护工作量比较大。

(2)视频检测方式　视频检测方式是一种基于视频图像分析和计算机视觉

技术对路面运动目标物体进行检测分析的视频处理技术。它能实时分析输入的交通图像，通过判断图像中划定的一个或者多个检测区域内的运动目标物体，获得所需的交通数据。

该系统的优点是无须破坏路面，安装和维护比较方便，可为事故管理提供可视图像，可提供大量交通管理信息，单台摄像机和处理器可检测多车道。

传统视频检测方法的缺点是精度不高，容易受环境、天气、照度、干扰物等影响，对高速移动车辆的检测和捕获有一定困难。因为拍摄高速移动车辆需要有足够快的快门（至少是1/3000s）、足够数目的像素以及好的图像检测算法的支持；视频检测由于需要进行计算往往无法捕获到高速运动物体。然而，随着高清摄像技术的发展，以及与5G、AI技术、大数据分析的融合，智能摄像头已成为智慧交通中最为重要的数据采集来源以及分析判决终端。

过去存在的老大难问题，如故意篡改号牌、套牌、遮挡号牌或者号牌污损，给车辆的搜索和分析造成了极大困难。此类车辆往往存在着严重的交通恶习，或任意变道，或严重超速超载，或交通事故后肇事逃逸，这些行为和车辆往往会给城市交通带来严重的安全隐患。过去针对这种车牌异常的车辆，交管部门无法依靠传统的车辆号牌对车辆进行定位与布控，需要通过车辆的外部特征来进行精准的识别，进而完成布控拦截和处罚。新型高清智能摄像头及其支持的车辆云析系统，通过将深度学习算法与大数据技术相融合，可以实现以图搜车、涉牌研判、车辆技战法、新型违法行为识别等应用。高清摄像头如图2-8所示。

图2-8 高清摄像头

(3) 微波（多普勒）检测方式　微波交通检测器利用微波的"多普勒效应"进行检测。雷达先发出一个频率为 1GHz 的脉冲微波，如果微波射在静止不动的车辆上，被反射回来，它的反射波频率不会改变，仍然是 1GHz。反之，如果车辆在行驶，而且速度很快，那么根据多普勒效应，反射波频率与发射波的频率就不相同。通过对这种微波频率细微变化的精确测定，求出频率的差异，就可以换算出汽车的速度。

雷达测速有效范围是 20～250km/h，测速范围大，精确度高。对于速度较快、车流量较少且方向统一的高速公路，采用微波雷达配合高速摄像机检测效果很好。而对于多车道、车辆并行、人车混杂的复杂路段，单纯只使用多普勒效应的微波雷达对路口、路段违法车辆进行检测，则具有较大困难，在检测范围内如果出现多个车辆，往往无法区分目标车辆。另外，测速雷达一般安装在公路中间 6m 高的横臂上面，如果比较高的大型车辆（如挂车、货柜车等）经过，由于车体比较高，造成车体顶部距离雷达太近，雷达发出的脉冲微波射在车体顶部被反射回来的距离大大缩短，往往会造成计算出来的速度值比较大，产生比较大的误差。微波交通检测器如图 2-9 所示。

图 2-9　微波交通检测器

(4) 无线地磁检测方式　地球磁场的强度为 0.5～0.6Gs（$1Gs = 10^{-4}T$），地球磁场在很广阔的区域内（大约几千米）其强度是一定的。当一个铁磁性物体（如汽车）置身于磁场中时，它会使磁场扰动，此时，放置于其附近的地磁传感器能测量出地磁场强度的变化,从而对车辆的存在性进行判断。

地埋式无线地磁车辆检测系统可以替代传统线圈型车辆检测器,能同时检测车辆经过和统计车流量信息。车辆经过检测器埋设区域时,通过检测设备周围磁场相对地球磁场的变化以判断车辆的经过和通过,接收器收到检测器信号后,把信号传输给相应的系统,完成车辆检测。

车辆检测器部署在车道内,不受车道内车辆的速度、质量或型号等因素的影响,相邻车道内行驶或停止的车辆不产生干扰信号和数据。无线地磁车辆检测器(见图 2-10)可以免布线安装,无须外部电源,施工简单,具有很强的适应性,可以满足各种复杂气象条件下交通信息的采集和处理。

(5)基于众包的数据采集 在高精地图制图的信息来源中,一部分数据来自于专业测绘车,其是地图信息服务商的主要工具,成本和精度都很高,而且

图 2-10 无线地磁车辆检测器

可以做到这种专业测绘的车很少。它通过自主采集半自动化以及全自动化生产的方式来获得高精度的矢量地图,矢量地图包括车道级拓扑、车道边线、道路区间以及 ADAS(Advanced Driving Assistance System,高级驾驶辅助系统)数据信息,能够满足车道级的导航功能的自动驾驶,精度和可信度高,但是成本非常高。

在这些专业测绘车之外,还存在一种低成本的采集车,其精度低于测绘车,但是数量较多。它们采集一些精度稍低的数据,通过人工验收、数据的差分融合等技术手段来不断地更新高精度的矢量地图。

除此之外,还有一类基于众包的数据采集方式,即利用车辆自有导航、智能终端传感器,获取车辆经纬度、车头方向、速度等信息。其优势在于数量非常大,通过数量大来弥补单个数据质量精度低的问题,可通过大数据分析获得动态交通情报。

高精地图实际上分为静态地图和动态地图,很多动态信息来自于众包车辆的数据获取,包括拥堵、交通事故、天气等,还可通过多视几何、摄影测量、深度强化学习以及云雾计算等方式生成语义地图和特征地图,另外也可通过大量数据

共享、挖掘、分析和融合来提升精度和可信度。

2. 信息采集平台

信息采集平台主要完成数据采集和数据共享。数据采集主要依靠数据采集设施来采集交通运输数字化信息，包括基础设施数字化信息、交通视频、气象信息、交通流状态、交通事件、交通环境、交通运行管控、船舶、港口、航道、车辆收费、物流信息等动态数据；数据共享是指从其他系统平台获取数据或分享数据，信息发布及执行设施包括情报板、广播、电子指示标志、置于服务区等场所的智能屏、微信/微博等公众号以及互联网网站服务等。

（1）交通大数据采集获取平台应用实例——出行云平台　出行云平台如图2-11所示。

图2-11　出行云平台

出行云平台是由交通运输部采用政企合作模式建设的、基于公共云服务的综合交通出行服务数据开放、管理与应用平台。平台旨在汇聚开放综合交通出行优质信息资源，支撑技术企业、科研机构创新开发应用，营造综合交通出行信息服务"众创"发展环境，促进交通运输行业科学决策与管理创新，为社会公众提供高品质、差异化、多层次的综合交通出行信息服务。数据开放、众创服务是出行云平台的两大特征。

各级交通行业管理部门、交通运输相关企业、互联网企业、数据开发企业、科研机构、其他社会机构、社会公众等,均可注册成为出行云平台用户。出行云平台可为用户提供综合交通运输出行数据以及相关应用服务的接入、展示、交换、使用等功能。

(2)出行云平台定位

1)交通出行数据汇集平台。将政府部门、交通运输企业、互联网企业、科研机构或者个人有关交通出行类的高质量信息接入平台,实现了交通出行数据的大汇集,是各方交通出行数据开放的舞台。

2)交通信息服务产品展示窗口。为社会各界开发完成的交通信息应用服务产品提供一个免费、自由的展示、交易、交流、合作的平台,是基于交通出行大数据开发的应用服务产品展示的窗口。

3)资源置换的平台。在出行云平台上,各用户可以进行数据资源、应用产品资源之间的置换或者购买,是实现数据资源和创新服务资源的自由流动的重要渠道。

4)交通出行信息服务能力提升的阶梯。在出行云平台上,数据可实现生态应用,质量将不断提高。服务产品将得到推广应用,品质更加精益求精,将带动全国交通出行信息服务能力的整体提升。

2.4.2 基础设施层

智慧交通框架的第二层是基础设施层。基础设施层将经过虚拟化的计算资源、存储资源和网络资源,以基础设施即服务的方式通过网络提供给用户使用和管理,提供 IAAS(Infrastructure as a Service,基础设施即服务)服务。

1. 基础设施层的基本功能

基础设施层的基本功能如图 2-12 所示。

(1)资源虚拟化 在搭建基础设施层时,首先面对的是大规模的硬件资源,如通过网络相互连接的服务器和存储设备等,为了能够实现高层次的资源管理逻辑,必须对资源进行抽象,也就是对硬件资源进行虚拟化。

图 2-12 基础设施层的基本功能

虚拟化的过程一方面需要屏蔽掉硬件产品上的差异，另一方面需要对每一种硬件资源提供统一的管理逻辑和接口。值得注意的是，根据基础设施层实现逻辑的不同，同一类型资源的不同虚拟化方法可能存在着非常大的差异，例如，存储虚拟化方面有 IBM SAN Volume Controller、IBM Tivoli Storage Manager、Google File System、Hadoop Distributed File System 和 VMware Virtual Machine File System 等几种主流的技术。

另外，根据业务逻辑和基础设施层服务接口的需要，基础设施层资源的抽象往往是具有多个层次的。例如，目前业界提出的资源模型中就出现了虚拟机（Virtual Machine）、集群（Cluster）和云（Cloud）等若干层次分明的资源抽象。资源抽象为上层资源管理逻辑定义了被操作的对象和粒度，是构建基础设施层的基础。如何对不同品牌和型号的物理资源进行抽象，以一个全局统一的资源池的方式进行管理并呈现给客户，是基础设施层必须解决的一个核心问题。

（2）资源监控　资源监控是保证基础设施层高效工作的一个关键功能。资源监控是负载管理的前提，如果不能对资源进行有效监控，也就无法进行负载管理。基础设施层对不同类型的资源监控的指标不同。对于 CPU，通常监控的是 CPU 的使用率；对于内存和存储，除了监控使用率，还会根据需要监控读写操作频率；对于网络，则需要对网络实时的输入/输出流量、可获得带宽及路由状态进行监控。基础设施层首先需要根据资源的抽象模型建立一个资源监控模型，用来描述资源监控的对象及其度量。

同时，资源监控还具有不同的粒度和抽象层次。一个典型的场景是对包括相互关联的多个虚拟资源的某个具体的解决方案整体进行资源监控。整体监控结果是对解决方案各个部分监控结果的整合。通过对结果进行分析，用户可以更加直观地监控到某方案整体资源的使用情况及其对方案整体性能的影响，从而采取必要的操作对方案进行调整。

（3）负载管理　在基础设施层大规模的集群资源环境中，任何时刻参与节点的负载都是有起伏的。节点之间的负载允许存在一定的差异和起伏，但是如果太多节点资源利用率过低或者节点之间负载差异过大就会造成一系列问题。一方面，如果太多节点负载过低，会造成资源使用上的浪费，需要基础设施层提供自动化的负载平衡机制将负载进行合并，提高资源使用率并且关闭负载整合后闲置的资源。另一方面，如果有些节点的负载过高，上层服务的性能将会受到影响。理想的处理器负载为 60%~80%，基础设施层的自动化负载平衡机制可以将负载进行转移，即从负载过高节点转移部分负载到负载过低节点，从而使得所有的资源在整体负载和整体利用率上面趋于平衡，尽量将服务器负载控制在理想范围内。

（4）存储管理 基础设施层的存储有两个主要用途：存储虚拟机的镜像文件；保存"云"中虚拟机系统所保存的应用业务数据。一个典型的基础设施服务上面会运行成千上万台虚拟机，每台虚拟机都有自己的镜像文件。镜像文件随着虚拟机运行过程中业务数据的产生，存储往往还会增加。基础设施云对镜像文件存储有着巨大的需求。另外，在云中运行的虚拟机内部的应用程序通常会有存储数据的需要。如果将这些数据存储在虚拟机内部，则会使得支持高可用性变得非常困难。为了支持应用高可用性，可以将这些数据都存储在虚拟机外的其他地方，当一台虚拟机不可用时就直接快速启动另外一台相同的虚拟机，并使用之前在虚拟机外存储的数据。为了保证虚拟机动态迁移的性能，通常会让不同硬件服务器上的虚拟机管理器使用共享存储，这些存储设备需要通过高速 I/O 网络和传输协议链接起来。因此，基础设施即服务云通常也会提供相应的存储服务来保存应用业务数据。

2.3 类基础设施资源

（1）存储资源 存储资源通过云存储的方式完成海量交通数据的整合存储。存储资源构建方式如图 2-13 所示。

图 2-13 存储资源构建方式

1)存储层。存储层是云存储最基础的部分。存储设备可以是 FC 光纤通道存储设备，可以是 NAS（Network Attached Storage，网络附属存储）和 iSCSI（Internet Small Computer System Interface，Internet 小型计算机系统接口）等 IP 存储设备，也可以是 SCSI（Small Computer System Interface，小型计算机系统接口）或 SAS（Serial Attached SCSI，串行连接 SCSI）等 DAS 存储设备。云存储中的存储设备往往数量庞大且分布于不同地域，彼此之间通过广域网、互联网或者 FC 光纤通道网络连接在一起。

存储设备之上是一个统一存储设备管理系统，可以实现存储设备的逻辑虚拟化管理、多链路冗余管理，以及硬件设备的状态监控和故障维护。

2)基础管理层。基础管理层是云存储最核心的部分。基础管理层通过集群、分布式文件系统和网格计算等技术，实现云存储中多个存储设备之间的协同工作，使多个存储设备可以对外提供同一种服务，并提供更大、更强、更好的数据访问性能。

CDN 内容分发系统、数据加密技术可保证云存储中的数据不会被未授权的用户所访问，同时，通过各种数据备份和容灾技术等措施可以保证云存储中的数据不会丢失，保证云存储自身的安全和稳定。

3)应用接口层。应用接口层是云存储最灵活多变的部分。不同的云存储运营单位可以根据实际业务类型，开发不同的应用服务接口，提供不同的应用服务。例如视频监控应用平台、IPTV 和视频点播应用平台、网络硬盘应用平台、远程数据备份应用平台等。

4)访问层。任何一个授权用户都可以通过标准的公用应用接口来登录云存储系统，享受云存储服务。云存储运营单位不同，云存储提供的访问类型和访问手段也不同。

就如同云状的广域网和互联网一样，云存储对使用者来讲，不是指某一个具体的设备，而是指一个由许许多多个存储设备和服务器所构成的集合体。使用者使用云存储，并不是使用某一个存储设备，而是使用整个云存储系统带来的一种数据访问服务。所以严格来讲，云存储不是存储，而是一种服务。其核心是应用软件与存储设备相结合，通过应用软件来实现存储设备向存储服务的转变。

（2）计算资源　计算资源主要用来进行交通数据分析与数据挖掘。

智慧交通数据来源广泛、数据量巨大，数据存储时间较长。2016年8月，交通运输部发布《关于推进交通运输行业数据资源开放共享的实施意见》，以推进交通行业的数据共享和应用。智慧交通基础设施层即为此目的服务，参考此实施意见以及交通行业相关标准，来实现对图样数据、动态视频数据、遥感数据、数字信息、文本数据等多源异构数据的统一整合。

交通数据分析处理时效性要求高，而且分析维度多样。通过汇聚技术和数据清洗转换技术产生高质量的交通数据，采用流式数据库并配合Hadoop、Spark等大数据技术架构，同时基于机器学习、分布式并行计算等技术，构建快速且完备的交通大数据分析能力，保障交通管理业务。

通过交通数据分析，实现对海量交通数据的深度挖掘和应用，通过统计学、传统机器学习、深度学习等算法进行交通数据分类、聚类、关联、预测，进而发掘海量交通数据中隐藏的交通数据知识，通过梳理隐藏在交通数据知识中的内在规则，提取潜在的高价值交通信息，挖掘交通数据的效益。

（3）网络资源　网络资源，即提供网络接入能力的资源的总和。传统的网络资源主要是基于光缆的有线接入，支持一定的带宽、时延、公网IP数目等。随着移动互联网的兴起，4G网络也被用作提供一定的移动网络接入能力。然而，由于自身的性能限制，其接入速度、接入时延、接入用户数目受到了限制。

5G提供的3大场景可以满足智慧交通各种真实场景的需求，如图2-14所示。eMBB提供超高的传输数据速率和广覆盖下的移动性保证等，保证了实时生成的海量交通数据可以及时回传；uRLLC把连接时延降低到1ms级别，并且支持高速移动（500km/h）情况下的高可靠性（99.999%）连接，这一场景更多面向车联网等时效性要求极高的场景；mMTC提供强大的连接能力，可以快速促进智慧交通垂直应用领域里海量传感器的持续性接入。

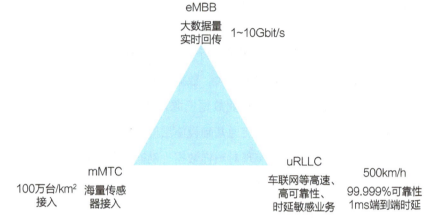

图 2-14 智慧交通的 5G 网络资源

2.4.3 技术赋能层

技术赋能是一个抽象的概念,是把相应的一整套技术架构进行整合,以提升现有系统效率,增加新的功能,拓宽系统边界。

技术赋能层的存在,使得智慧交通技术体系将不再固化,可以综合应用 5G、人工智能、大数据分析、云计算、BIM(Building Information Modeling,建筑信息模型)建模、VR、高精度导航、超算技术等进行系统边界扩展。技术赋能层将各技术功能进行封装,与上层的各类数据服务层结合,提供各类智慧应用。图 2-15 和图 2-16 所示为自动驾驶的相关场景。

图 2-15 5G 自动驾驶峰会

图 2-16 自动驾驶

2.4.4 数据服务层

数据服务层在整个体系架构中有着非常重要的作用。数据服务层包含两个方面的内容,一是包含图像库、视频库、时间列表等分层数据,二是包含对分层数据进行业务化编织的业务知识库。数据服务层主要实现由数据向知识的映射转换,如图2-17所示。

图2-17 数据服务层

1. 数据的处理

针对智慧交通数据的多源异构数据,数据服务层采用分布式ETL技术,按照交通数据抽取、清洗、关联、比对、标识规范化的流程,实现标准化的交通数据处理模式,从而提升城市智慧交通管理大数据平台的交通数据质量,有效解决数据缺失、更新时效性低、数据冗杂及处理延迟等问题,进而协助城市交通管理部门进行更及时的交通监控,更准确的道路拥堵监测疏导以及城市路网规划、交通肇事及逃逸分析。

(1) 交通数据抽取 对原始的交通领域多源异构数据进行规范化处理,将所有的结构化交通数据和非结构化交通数据抽取转化为结构化交通数据。

1) 结构化交通数据。交通数据抽取功能可实现结构化交通数据的全量抽取和增量抽取。全量抽取将完整抽取交通数据源中的交通数据表、交通数据视图。增量抽取将提取新增、修改、删除的交通数据。

2) 非结构化交通数据。主要是从交通监控视频、交通图片、遥感等多媒体文件、文本内容等非结构化数据中提取车辆、车主、轨迹、位置、状态等信息,形成结构化交通数据,一般采取全量抽取。

(2) 交通数据清洗 过滤不合规的交通数据,删除重复的数据,纠正错误数据，完成格式转换，并进行清洗前后的交通数据一致性检查，保证交通数据结果集的质量。针对缺失数据，采用删除法、替换法、插补法等方式进行清洗。针对格式内容的清洗，可采用逻辑错误清洗、箱型图分析、基于聚类的离群点等方式去除不合理值，并修正矛盾内容。

（3）交通数据关联　数据关联是将来源于不同业务系统的不同数据通过关键字段关联在一起。关联的过程包括关联键值的生成及组内关联、组间关联、并行关联等处理逻辑。智慧交通数据关联包括离线数据的批处理和流式数据的实时处理。

（4）交通数据比对　可实现结构化数据比对、关键词比对、图像语音文本相似度比对、二进制比对以及生物特征比对等。通过交通数据比对功能，可以协助交通管理及政府相关部门快速定位出交通信息来源，提高比对效率和准确率。

（5）交通数据标识　平台将通过直接数据、统计加工、模型挖掘、组合定义等方法进行交通数据标识。在交通数据标识模块基础上，对交通拥堵及交通事故等按照类型和性质进行分类统计，可以帮助交通管理部门进行舆情分析、拥堵区域车辆监控、交通事故车辆及可疑车辆追踪分析等。

2. 交通业务知识库

交通业务知识库是将交通数据进行业务化编织，形成智慧交通管理的总索引、总导航，并依次进行交通管理原始库、交通管理主题库、交通管理业务库的"三"库建设，提供高质量的交通数据的整合和高效的交通数据共享。

（1）交通管理原始库　交通管理部门的各交管业务平台、与交通相关的政府事业单位的对应业务系统、电信运营商数据、移动互联网数据、车联网数据接入到平台后，将对不同来源的数据按照数据的原始格式进行存储。交通管理原始库包括车辆库、车主信息库、道路信息库、信号灯信息库、交警信息库、互联网信息库、监控信息库、交通检测设备信息库、社会信息库、气象信息库和水文信息库等。

（2）交通管理主题库　交通管理主题库用于整合交通管理原始库中的基础数据，以交通数据来源进行数据分类，并进一步依据交通管理 6 要素组织原则，构建交通数据资源目录，以"人、车、路、事、环境、组织"进行划分。

（3）交通管理业务库　基于交通管理业务流程和特征，抽取、整合具有明显业务属性的交通数据集合，并针对交管部门各处/科/室的业务分工，在交通管理主题库之上构建交通管理业务库，包括车主及驾照管理业务库、交通安全违法行为业务库、ETC及高速缴费业务库、出租车管理业务库、号牌及通行证业务库、车辆年检变更报废业务库、肇事及事故处理业务库、交通管制业务库、天气及灾备业务库、交通诱导及拥堵治理业务库、交通应急管理业务库、智慧停泊车管理业务库、电子交警业务库和智慧调度业务库等。

2.4.5　智慧应用层

智慧应用层包括交通行业的主要业务处理系统。业务处理系统是对业务处理过程进行针对性支持的信息系统，是完成具体工作的工具。工作人员能够使用信息化工具，将交通基础设施作为一种资源进行全方位的管理，也能对交通基础设施维护的全过程提供信息化支撑。

智慧应用系统基于融合的交通大数据和统一的支撑工具，提供交通运行综合监测、应急处置、设施管理与维护、预测分析、行业监管、公众服务及可视化等业务应用，形成业务覆盖全面、重点突出、兼具分析广度和深度的体系化、自动化、智能化的分析应用体系，为交通运输管理者提供科学规划与决策的依据，为交通参与者提供各种垂直应用。

在云计算环境下，智慧应用的最终表现形式更为丰富多样。在云平台上，软件可以是一种服务（如SaaS），可以是一个Web Service，也可以是一个PC或手机应用软件。信息发布设备包括设置在交通基础设施沿线现场的情报板、控制中心/服务区的大屏、信息发布网站、移动APP、微信/微博公共号、短信、广播、电子指示标识以及导航地图类第三方互联网应用软件。

总之，智慧应用需要各方面的智能分析来支撑——海量数据和信息的知识化、海量知识的价值和关系清晰化、不同学科的知识融合化、人机协同的有机化、产品创新和过程创新的高效化、管理和控制的精准化。智慧应用层充分利用5G、人工智能、云计算、大数据所带来的影响，建立在"云平台"的基础上，通过信息互联互通、部门相互协同的模式，使系统具有高度的智慧性。

2.4.6　信息安全体系

信息安全体系是智慧交通系统安全稳定运行的重要保障和必要条件。依据《信息安全等级保护管理办法》《中华人民共和国网络安全法》和最新的网络安全等级保护制度2.0标准规定的安全要求，全面评估系统安全威胁对三类受侵害客体的侵害程度，综合确定系统的安全保护等级，在此基础上制定智慧交通系统的信息安全策略，确保信息系统的安全，特别是数据的安全。

构建统一的安全平台，实现统一入口、统一认证和统一授权等功能，使智慧交通系统生产流程在受控和受保护的情况下进行，为平安智慧交通系统提供经济、有效的安全服务，保障系统安全运行。

根据《大数据安全标准化白皮书》，为保障数据不被窃取、破坏和滥用，以及系统的安全可靠运行，需要构建包括系统层面、数据层面和服务层面的大数据安全框架，从技术、管理和运行等方面多维度保障应用和数据安全。

2.4.7　标准规范体系

交通行业智慧化信息系统标准规范体系主要包括以下两方面：

1）充分利用现有的ICT（信息通信技术）标准规范体系，包括但不限于通信工程、系统与软件工程、物联网、云计算、大数据、人工智能等方面的标准规范。

2）在充分利用现有标准体系成果的基础上，针对交通行业的特点和现有标准体系的不足，加以必然的完善，并补充必要的新标准。

2.4.8　管理制度体系

建立完善的管理制度体系，包括管理制度、管理机构、人员管理、系统建设管理和系统运维管理。安全管理和服务应满足网络安全等级保护制度2.0对管理方面的要求。

以云计算平台上线正式运行后的常态化安全保障工作为目标，针对自评、测评、审计、检查、加固等各服务环节，建立适合智慧交通系统管理运维的常态化检测和安全服务机制。

2.5 智慧交通产业版图

智慧交通主要针对"路""车""人"3种对象，概括地讲，其内容包括道路管理智慧化、交通工具智慧化、出行方式智慧化3个层面。

"道路管理智慧化"是指与路网通道的建设、运营、管理相关的基础设施和系统的智慧化，表现为交通大脑的兴起。例如，阿里巴巴的交通大脑已发展到2.0阶段，在杭州已接管1300个路口信号灯，接入4500路视频，直接指挥200余名交警。

"交通工具智慧化"是指载运工具与人车路环境协同控制的智慧化，表现为无人驾驶、车联网、自动驾驶等技术的广泛应用。例如，百度无人驾驶平台Apollo已发展到3.5阶段，能实现复杂城市道路的自动驾驶；无人驾驶BRT已经在厦门从区域型试点向着大面积试点开展。

"出行方式智慧化"是指目的地路径规划、交通工具费用支付、使用（打车、购票、停车、加油、充电）、维护（养护、违章查询）等的智慧化，表现为移动互联网应用范围的扩展与商业模式的创新。例如，与出行关联度最高的手机地图业务为提升用户黏性，进一步发力城市出行服务，提供涵盖共享单车、网约车、长短租车、机票在内的短途、中途、长途出行服务。

当前，智慧交通"路""车""人"（出行）3大模块的产业核心环节分别集中在系统集成厂商、汽车远程服务提供商（TSP）和数字地图提供商之间。

"路"领域的参与者主要为政府层面（To G）。企业为其搭建智慧交通行政管理系统、车辆稽查、运营稽查、的士管理、交通拥堵指挥、交通规划辅助决策等服务，帮助政府提升行政管理效率，有效调配和优化各类公共资源。参与者包括道路建设者、硬件制造商、软件制造商、系统集成商、道路通信技术提供商、道路运营管理主体。目前系统集成商处于产业链核心地位,其根据运营管理方的需求进行设备的采购及相关系统的优化和集成,最终提供一整套满足运营管理主体和道路使用者的智慧交通系统。

"车"领域的参与者主要为企业层面（To B）。针对交通运营行业的汽车厂商、汽车零售商、信息发布平台、货运服务、公交管理、出租管理厂商等提供资源整合服务,为整个行业资源的高效和充分利用提供信息服务支持。参与者包括感知设备生产商、前后装设备厂商、车联网技术厂商 TSP、OEM 整车厂商、系统平台厂商。当前,TSP 是产业链的核心环节,承担数据交互的承上启下作用,将内容、数据等进行处理后提供给消费者和驾驶人,例如,将车载智能硬件获取的车辆数据进行整合处理,然后提供给金融保险、4S 店等商业客户。随着无人驾驶技术的逐渐成熟,系统平台厂商作为汽车操作系统和软件的主要供给方,将取代 TSP 成为产业链核心。

"人"（出行）领域的参与者主要为公众服务层面（To C）。为用户提供高清地图、智能导航、自动驾驶、车联网、智慧停车、车况分析、维护保养、车辆援救等服务,能够帮助用户了解车况、路况信息,以保障安全驾驶。参与者包括各类移动出行 APP,可分为数字地图类、交通工具使用类（共享出行、票务购买、移动支付、停车类、充电加油类）、交通工具交易类、交通工具维护类（违章查询类、保险类）、驾考类、信息媒体社交类（交通广播类、车友社交类等）。当前,数字地图类应用软件处于产业链核心地位,其通过建立活跃度最高的应用场景,吸引出行领域最大的用户规模,并不断地整合其他类应用,打造一站式全域出行服务平台。

从另一个角度来说,智慧交通产业链上游主要是提供数据采集与信息处理的设备制造商,中游主要包括软硬件产品提供商和解决方案提供商,下游以运营、集成、内容等第三方服务商为主。产业链各环节参与者众多,传统安防企业、互联网厂商、云计算服务商、算法提供商等均陆续进入智慧交通各细分领域。交通行业的信息化需求复杂、覆盖面较广,使得细分市场众多,市场集中度普遍较低,整个行业没有绝对市场份额领先的企业。智慧交通产业图谱如图 2-18~图 2-20 所示。

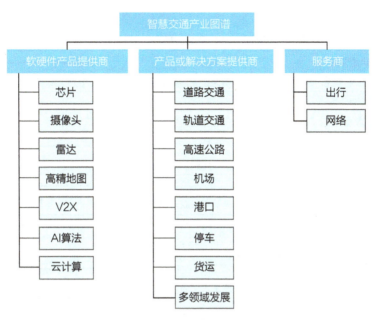

图 2-18 智慧交通产业图谱（总体）

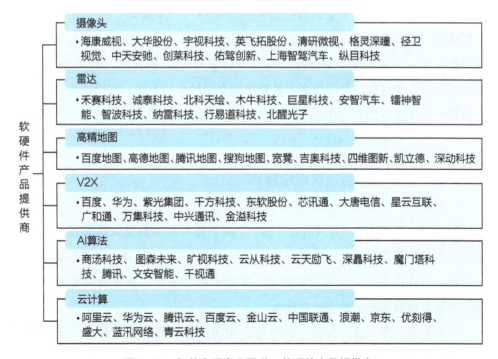

图 2-19 智慧交通产业图谱（软硬件产品提供商）

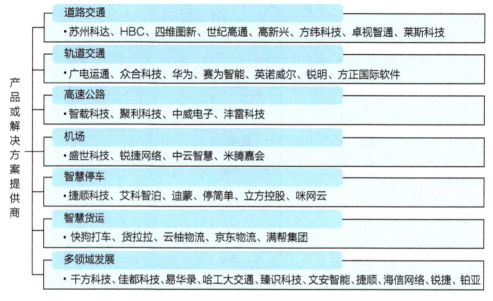

图 2-20 智慧交通产业图谱（产品或解决方案提供商）

未来出行将形成一个全新的生态——"5N1A"。5N 是五个新（New），包括新型载运工具、新型基础设施、新型交通系统、新能源、新模式。出行服务个体感受来自于一个 A，即一个 APP。这个出行服务 APP 的背后，是交通大数据、移动互联、人工智能以及云服务等各种智能交通技术的支撑。围绕这些将构成一种全新的未来出行的生态体系。

2.6 智慧交通的市场规模预测

2020 年 5 月 21 日，全国两会开幕，"新基建"成为最受关注话题，并成为助推中国经济复苏和发展的重要力量。不同于传统的"铁公基"，"新基建"在于发展新一代信息网络，为数字转型、智能升级、融合创新等提供基础设施服务，激发新消费需求，助力产业升级。

从专利公开量来看，2015—2020 年，中国智慧交通相关专利公开量高速增长，2019 年达到 256 件，同比增长 63%；2020 年 1~9 月，智慧交通相关专利公开量为326件,同比增长74%,反映出国内智慧交通行业技术研发较为活跃。

智慧交通基础设施建设是新基建的重要内容和重点投资领域,被业内认为是新基建热潮下的主要发力点。据中商产业研究院数据显示,2019年中国智慧交通总投资规模超过2278亿元,2020年投资规模逼近2800亿元。未来五年将保持20%以上的年均复合增长率,如图2-21所示。

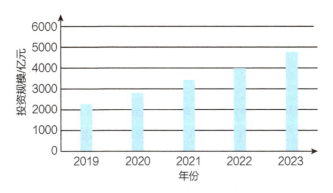

图2-21 我国智慧交通市场规模预测

根据Global Market Insights提供的行业研究报告,到2024年,全球智能交通市场的市场价值将从2018年的410多亿美元增长到1300多亿美元。面对这个新的蓝海,一定会涌现一大批有创新、有前景的优秀企业。

第 3 章 车联网、自动驾驶与 5G

车联网（Vehicle to Everything，V2X）是由车辆位置、速度和路线等信息构成的巨大交互网络。车联网以车内网、车际网和车载移动互联网为基础，按照通信协议和数据交互标准，在车与车（Vehicle to Vehicle，V2V）、车与基础设施（Vehicle to Infrastructure，V2I）、车与云（Vehicle to Cloud，V2C）之间实现互联互通。

自动驾驶汽车（Autonomous Vehicle；Self-piloting Automobile）又称无人驾驶汽车，是一种通过计算机系统实现无人驾驶的智能汽车。自动驾驶汽车依靠人工智能、视觉计算、雷达、监控装置和全球定位系统协同合作，让计算机可以在没有任何人类主动的操作下，自动安全地操纵机动车辆。

车联网和自动驾驶有着密不可分的关系。从某种程度上说，车联网是自动驾驶领域的一个重要范畴，其根本目标就是实现自动驾驶，使驾驶更安全。5G 的大带宽、低时延和超高可靠性为车联网和自动驾驶提供了更为可靠的基础设施和技术积累，将大大加速车联网及自动驾驶技术的发展。

3.1 车联网——不仅是汽车的互联网

3.1.1 车联网的兴起与现状

车联网通过 GNSS（Global Navigation Satellite System，全球导航卫星系统）、

RFID（Radio Frequency Identification，射频识别）、传感器、摄像头、LiDAR（Light Detection and Ranging，激光探测及测距系统）等传感器和装置，完成车辆自身环境和状态信息的采集。通过互联网技术，所有车辆可以将自身各种信息传输汇聚到中央处理器，这些信息基于人工智能技术被分析和处理，从而计算出不同车辆的最佳路线，及时汇报路况和安排信号灯周期。

车联网主要由三层构成。第一层是感知层，即以传感器激光雷达等技术为代表的感知系统，这是较为基础的层面；第二层为互联互通，即车与车、车与路的互联互通；第三层是通过云计算、人工智能等技术进行智能计算，从而调度、管理车辆。

从全球来看，现阶段的车联网无线通信技术主要包括两种：以电气与电子工程师协会标准（IEEE 802.11p）为基础的专用短程通信（Dedicated Short Range Communication，DSRC）技术和蜂窝车用无线通信（Cellular Vehicle-to-Everything，C-V2X）技术。美国、日本、欧洲等发达国家和地区普遍重视车联网的发展，均已开展了相关的技术探索和测试研究。

依托于ITS的整体发展，美国车联网研发起步较早。美国交通部于2016年提案以立法形式推动2023年美国所有轻型车辆强制安装DSRC车载设备，但由于各州法律不同、产业意见不一致等问题被搁置。2019年3月，福特汽车表示计划于2021年在中国的车型中优先搭载C-V2X技术，目前C-V2X技术已在圣迭戈和底特律进行初步试验。2019年12月，美国联邦通信委员会发布消息，为C-V2X分配了20MHz（5905~5925MHz）频段，这为C-V2X技术在美国的应用带来了可能。

日本政府正在推进"自动驾驶系统研发计划"，设定了短期（2014—2016年，开展车联网协同系统和终端设备研发以及市场战略部署）、中期（2017—2020年，完成驾驶安全支持系统研发和Level 1/2市场部署）以及远期（2021—2030年，完成Level 3/4系统研发和市场部署）的发展阶段和目标。日本也于2019年通过了《道路运输车辆法》修正案。除了现有的ITS频谱（760MHz、5.8GHz等）之外，日本正在开展为C-V2X分配其他频率的可行性研究。

欧洲在2008年已为ITS分配5.9GHz频段。欧盟委员会于2019年3月宣布通过《在欧洲道路上实施清洁的、连接和自动驾驶的法案》，车辆、交通标识牌和高速公路将于 2019 年开始安装网联设备。经过产业各界的反馈及讨论，最终该法案否决仅支持 IEEE 802.11p 的提案，为 C‐V2X 的商用部署保留机会。

在国家政策层面，近几年车联网相关重磅政策密集发布，国家自顶层推动产业发展的意向非常明确。国务院、工信部、交通运输部、发改委、公安部等相继出台车联网相关的指导政策、实施办法、技术指南、体系标准等文件，引导车联网产业逐步落地。2020 年 2 月，国家发改委、中央网络安全和信息化委员会办公室（以下简称中央网信办）、科学技术部、工信部等 11 部委联合出台《智能汽车创新发展战略》，文件指出车联网发展的战略愿景为到 2025 年，实现有条件自动驾驶的智能汽车达到规模化生产，实现高度自动驾驶的智能汽车在特定环境下市场化应用""车用无线通信网络（LTE‐V2X 等）实现区域覆盖，新一代车用无线通信网络（5G‐V2X）在部分城市、高速公路逐步开展应用，高精度时空基准服务网络实现全覆盖"。在政策引导下，车联网发展方向明确，产业崛起已是大势所趋。我国车联网近几年的政策要点见表 3‐1。

表 3‐1　我国车联网近几年的政策要点

时间	部门	政策文件	核心内容
2020 年 2 月	国家发改委、中央网信办等 11 个国家部委	《智能汽车创新发展战略》	战略愿景为，到 2025 年，实现有条件自动驾驶的智能汽车达到规模化生产，实现高度自动驾驶的智能汽车在特定环境下市场化应用；车用无线通信网络（LTE‐V2X 等）实现区域覆盖，新一代车用无线通信网络（5G‐V2X）在部分城市、高速公路逐步开展应用，高精度时空基准服务网络实现全覆盖
2019 年 9 月	中共中央、国务院	《交通强国建设纲要》	提出加强智能网联汽车（智能汽车、自动驾驶、车路协同）研发，形成自主可控完整的产业链
2019 年 5 月	国家发改委、财政部	《关于降低部分行政事业性收费标准的通知》	对 5905～5925MHz 频段车联网直连通信系统频率占用费标准实行"头三年免收"的优惠政策

（续）

时间	部门	政策文件	核心内容
2019年4月	工信部	《基于LTE的车联网无线通信技术 安全认证技术要求》《商用车辆车道保持辅助系统性能要求及试验方法》	车联网35项行业标准和19项国家标准计划项目
2018年12月	工信部	《车联网（智能网联汽车）产业发展行动计划》	第一阶段，到2020年，具备高级别自动驾驶功能的智能网联汽车实现特定场景规模应用，车联网用户渗透率达到30%以上，智能道路基础设施水平明显提升；第二阶段，2020年后，高级别自动驾驶功能的智能网联汽车和5G-V2X逐步实现规模化商业应用
2018年6月	工信部、国家标准化管理委员会	《国家车联网产业标准体系建设指南（总体要求）》等系列文件（还包括智能网联汽车、信息通信、电子产品与服务）	发挥标准的基础性和引导性作用，促进车联网技术和产业发展，推动车联网技术创新发展和汽车、电子、信息、通信等相关产业转型升级，建立跨行业、跨领域、适应我国技术和产业发展需要的国家车联网产业标准体系
2018年6月	工信部	《车联网（智能网联汽车）直连通信使用5905~5925MHz频段的管理规定（征求意见稿）》	拟规划5905~5925MHz频段作为基于LTE-V2X技术的车联网（智能网联汽车）直连通信的工作频段
2018年4月	工信部、公安部、交通运输部	《智能网联汽车道路测试管理规范（试行）》	规范智能网联汽车道路测试管理，明确了测试主体、测试驾驶人及测试车辆、测试申请及审核、测试管理、交通违法和事故处理等多方面内容
2018年2月	交通部	《关于加快推进新一代国家交通控制网和智慧公路试点的通知》	决定在北京、河北、吉林、江苏、浙江、福建、江西、河南、广东9省市加快推进新一代国家交通控制网和智慧公路试点

3.1.2 移动通信对车联网的影响

1. 车联网是实现智能驾驶以及自动驾驶的关键前提

车联网早在 2G、3G、4G 时代已经有所应用，但只能实现部分较为简单的信息娱乐功能。从 1G 到 5G，随着通信技术推陈出新，车联网也从最初的传统汽车时代升级到拥有车内网、车载通信、车际网以及未来的车载互联网。尤其在过去的两三年，随着汽车"电动化、智能化、网联化"3 大技术趋势的加速，车联网从汽车内部互联、车与人的交互，延伸到车与车、车与路边单元、车与电信设施之间的信息交互，尤其是以 C－V2X 为代表的前沿技术成为车联网行业关注的热点和重点。车联网是实现智能驾驶以及自动驾驶的关键前提。车联网发展阶段和主要特点见表 3－2。

表 3－2 车联网发展阶段和主要特点

阶段	功能	联网方式	特点
第一阶段	车载娱乐、导航、紧急救援、远程管理	2G、3G、4G 等	打通汽车内外信息流，培育用户习惯
第二阶段	安全预警、高带宽业务、部分自动驾驶服务	DSRC、LTE－V2X	智能化、网联化程度提升，业务形态更加丰富
第三阶段	远程驾驶、高密度车辆编队行驶、快速协同变道辅助等	5G－V2X	基于 5G 网络低延时及高速率等特点，极大推动自动驾驶产业发展

车联网车内互联的方式目前已较为丰富，车内总线整体向高速率发展，而以 V2X 为代表的车外网络正高速发展。车联网将车辆连接到一个网络中，可整体提升交通安全和出行效率。V2X 无线通信技术能够将"人—车—路—网—云"等交通参与要素有机地结合在一起，不仅可以支撑车辆感知更多的信息，促进自动驾驶等技术的创新和应用，还有利于构建一个智慧的交通体系，促使汽车和交通

服务的新业态、新模式发展。车联网技术对提高交通效率、节省资源、减少污染、降低事故发生率、改善交通管理都具有重要意义。

车联网的最终目标是实现汽车完全智能，使汽车具备认知和自动驾驶能力，实现真正的无人驾驶，完全解放驾驶者双手。5G 的性能目标是提高数据速率、减少延迟、节省能源、降低成本、提高系统容量和实现大规模设备连接。基于 5G 诸多特点，应用云计算、人工智能、大数据等新兴技术，万物互联触手可及。应用新兴的 5G 和 V2X 技术搭建一个完备的无线通信和信息交换的大系统网络，是实现"人—车—路—云"结合为一体的新生态的重要一环。

2. DRSC 具有先发优势，C-V2X 后来居上

当前支持车联网的无线通信技术主要有两种：一种是 IEEE 组织制定的 802.11p 技术，一种是 3GPP 组织制定的 C－V2X 技术。

（1）DSRC　DSRC 是以 IEEE 802.11p 协定为基础的主要用于单向或双向短程到中程的无线通信技术。其中，802.11p 是 IEEE 于 2003 年以 802.11a 为基础制定并于 2010 年完成标准化，其后续演进版本 802.11bd 预计将于 2021 年 10 月完成。1999 年 10 月，美国联邦通信委员会在 5.9GHz 频段分配了 75MHz 的频谱，将其供 ITS 使用，现在也是实现 V2X 的两种技术之一。

DSRC 在实现 V2V 时，可使车辆之间相互直接通信，而不依赖蜂窝通信技术或其他基础设施。每辆车以安全匿名的方式每秒发送 10 次其位置、航向和速度等信息，一定范围内的所有车辆都将接收到该信息，并且每辆接收到信息的车会根据该信息自动评估发送车所带来的风险。DSRC 在实现 V2I 时，车载设备（On Board Unit，OBU）与路侧单元（Road Side Unit，RSU）进行通信，路侧设施可以获取附近区域车辆的信息并发布各种实时信息。DSRC 是以网络安全最大化为准则设计的，接收信号的车辆会验证接收到的消息的真实性，但不会暴露车辆的身份，因此不会侵犯驾驶人的隐私。

DSRC 生态系统实现各种功能及全面测试 V2X 应用程序已超过 10 年，它提供了一套完备的相互操作的解决方案。DSRC 的关键优势是不需要其他传感器就

可以"看到周围的角落"。DSRC 使道路的使用者互相连接成为可能,为 V2V 和 V2I 的可靠性提供了保障。欧盟委员会认为,使用此技术有望在 2050 年使当地机动车事故发生概率降至 0。

(2) C-V2X C-V2X 技术包含 LTE-V2X 和 5G-V2X。LTE-V2X 是 5G-V2X 的先导技术,5G-V2X 的标准前向兼容 LTE-V2X 标准。3GPP 于 2017 年 6 月完成基本版本(R14)的国际标准制定,于 2018 年 6 月完成增强版 LTE-eV2X(R15)的制定。5G-V2X 通信标准(R16)已冻结。中国通信标准化协会(CCSA)、中国智能交通产业联盟(C-ITS)、中国汽车工程学会(C-SAE)、国际移动通信系统(IMT)-2020 C-V2X 工作组等组织积极推进 LTE-V2X 端到端标准体系的构建,目前已基本完成 LTE-V2X 标准体系和核心标准规范的制定,包括总体技术、空中接口、安全以及网络层与应用消息层、车载终端和路侧设备等各个部分,初步形成了覆盖 LTE-V2X 标准协议栈各层次、各层面、设备的标准体系。

5G-V2X 的标准正在推进中,CCSA 及 C-V2X 工作组已开展 C-V2X 业务需求增强研究,已立项基于 5G 的车联网通信技术研究。此外,C-ITS、C-SAE 等也开始启动应用层数据规范第二阶段研究。

IMT-2000 工作组车联网使用场景如图 3-1 所示。

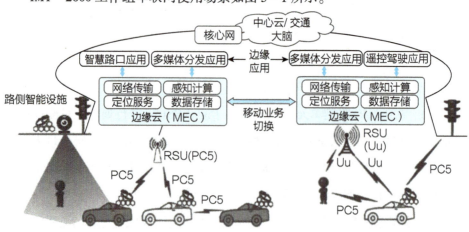

图 3-1 IMT-2000 工作组车联网使用场景

C-V2X 技术可检测更长的范围，使驾驶更可靠。基于链路级仿真分析，C-V2X 视距（两车之间没有遮挡时）V2V 距离长达 443m，非视距（两车之间存在障碍物遮挡时）V2V 距离为 107m。相对于此，DSRC 的视距 V2V 距离仅有 240m，非视距 V2V 距离仅为 60m。C-V2X 技术拥有更长的检测范围，可以对突发或潜在的危险情况提供更早的警报以及更高的可见度，这使得机动车在高速行驶时仍能及时减速、停止，避免危险情况。以在结冰和正常道路情况下，一辆在盲弯后的伤残车辆向驶近的车辆发送警报的场景作为例子，若使用 DSRC，后面接近的车辆只能以 45km/h 和 74km/h 的最高速度分别在结冰和正常道路上行驶，以便遇到突发状况能及时停止。若使用 C-V2X，来袭车辆可在更远的距离更早地收到警报。因此，即使应用 C-V2X 技术的汽车在结冰和正常道路条件下分别以 61km/h 和 100km/h 的速度行驶，仍然能及时停下。

C-V2X 技术可在行径盲区提供更高可见度。在双向单车道的公路上驾驶时，若前车车辆限制了反向道路的可见性，驾驶人或难以抉择是否要超越前车，此时车联网技术或能较好地解决该问题。通过 V2V 通信，反向车道车辆可以发送报警信息，视线受阻车辆通过报警信息决定是否要通过前车。拥有更长监测范围的 C-V2X 可使视线受阻车辆更早地收到警报，即使行车速度更高，车辆仍能安全实施超车。

在资源与能量分配领域，C-V2X 表现更佳。在拥堵条件下，C-V2X 可使车辆在规定时间内定期对周边车辆发送车辆安全信息。C-V2X 的设计目的是利用周期性地发送信息的方式为后续将要到达的机动车预先分配资源。这种半持久调度机制可确保后续机动车到达时有资源可用。后续机动车不需要争夺资源，因此 C-V2X 在车辆密度增加时可依旧保持低延迟。

此外，当流量负载较高时，为了提高信息通过量，C-V2X 技术选择机动车最合适的资源而不是第一个可用资源进行信息传输。新加入 V2X 通信的车辆首先测量短时间内平均可用信号资源的相对能量水平，然后，C-V2X 技术对信号资源块进行排序，并在那些具有最低相对能量水平的资源块中选择一个进行传输。在其他发射车辆也在发送并接收信号时，这种最小能量资源选择方案能够提供更好的信号质量。

C-V2X数据包接收率更高，可靠性更强。无论是以250km/h的速度还是以140km/h的速度，在发射器—接收器距离相同的情况下，LTE-V2X的数据包接收率大幅高于DSRC的数据包接收率，这使得LTE-V2X数据包接收范围更大。LTE-V2X技术也更加稳定可靠，发生意外的可能性也更小。基于通信机制、车辆间的资源传输方式、信道编码、重新发送技术、波形、资源选择方式等技术特点分析，C-V2X比DSRC更加可靠。

C-V2X的研发与推广得到了全球汽车和电信行业领导者的支持。我国的相关公司也着重布局C-V2X，在LTE-V2X技术标准的研究制定过程中有我国厂商（包括华为、大唐）的深度参与。除此之外，中国信科集团旗下的大唐高鸿与阿尔卑斯阿尔派联合宣布，双方合作打造的新一代C-V2X车规级模组"DMD3A"生产线已顺利落成并投入量产使用。这意味着大唐高鸿车规级模组"DMD3A"已开始批量生产，模组具备LTE-V2X自主知识产权，并可基本满足智能网联产业链的应用需求。

C-V2X未来发展路径清晰，前景可期。对于道路运营商、汽车制造商和移动运营商，C-V2X与其他车辆连接技术相比具有多种技术优势。与DSRC不同，C-V2X在涉及安全、导航和综合运输系统领域可以有广泛的应用。C-V2X使用蜂窝系统，可以使用相同的技术以端到端方式处理所有V2X应用程序，这使得C-V2X具有很强的可扩展性和未来的可验证性。此外，作为3GPP标准系列的一部分，C-V2X提供从LTE到5G的清晰演进路径，因此获得广泛的支持。

3.1.3 车联网基础架构

车联网基础架构可划分为"聪明的车""智慧的路"以及"车路协同"3个领域，如图3-2所示。"聪明的车"是指汽车在实现一定程度的单车智能基础之上，通过集成V2X模组的OBU实现通信能力，并结合前装的车机、后装的后视镜或者终端盒子等实现车联网应用;"智慧的路"旨在将道路数字化,并能与云和车通信,如将 RSU 与摄像头结合,把车、人信息进行收集和共享;"车路协同"主要是指综合利用通信、融合感知、高精度定位、云计算技术实现人—车—路之间的高效协同,简单讲就是通过通信手段连接"人—车—路—云"。

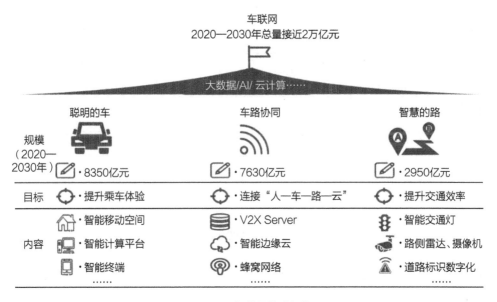

图 3-2 车联网基础架构

车联网智能分为单体智能与协同智能两部分,其中单体智能是指车、路分别实现一定程度的智能,而协同智能则是指车路协同。从自动驾驶的发展路径上看,辅助驾驶将依赖于单体智能,而高等级自动驾驶将依赖于协同智能。所以,车联网的整体建设将依照"载体→终端→平台→应用"的顺序,但是节奏上将表现出单体智能与协同智能之间切换,其背后的主导性因素为成本与收益的权衡。例如,当单车智能发展到自动驾驶 L3 以上水平时,成本收益率将低于车路协同(车路协同能够将 L3 级自动驾驶成本降低 30%),因此后者将接棒规模建设。

车联网应用生态如图 3-3 所示。

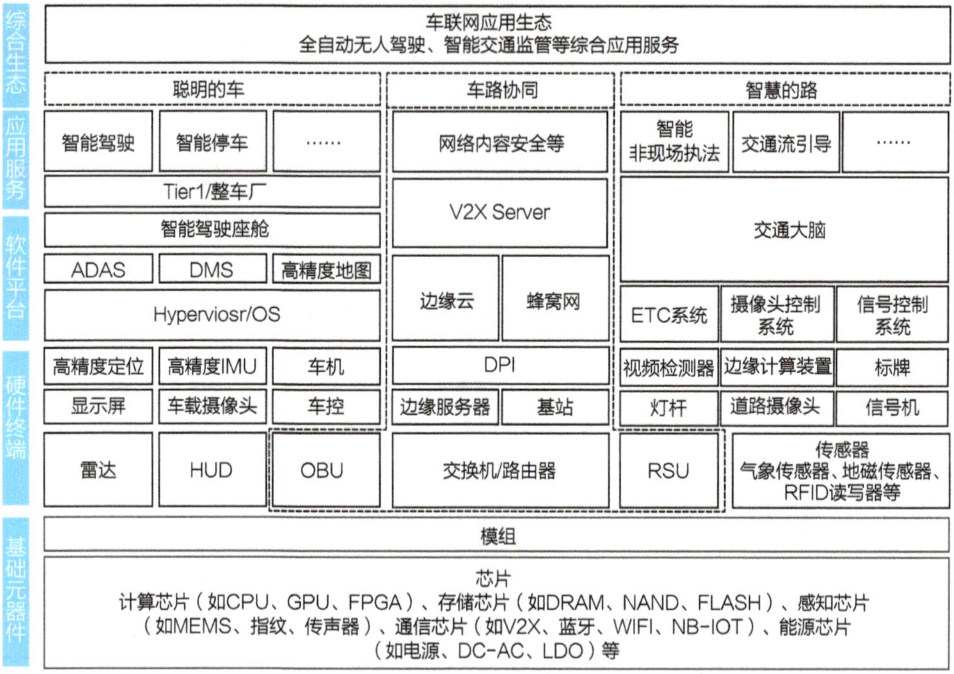

综合生态	车联网应用生态 全自动无人驾驶、智能交通监管等综合应用服务		
应用服务	聪明的车	车路协同	智慧的路
软件平台	智能驾驶 / 智能停车 / …… Tier1/整车厂 智能驾驶座舱 ADAS / DMS / 高精度地图 Hyperviosr/OS	网络内容安全等 V2X Server 边缘云 / 蜂窝网	智能非现场执法 / 交通流引导 / …… 交通大脑 ETC系统 / 摄像头控制系统 / 信号控制系统
硬件终端	高精度定位 / 高精度IMU / 车机 显示屏 / 车载摄像头 / 车控 雷达 / HUD / OBU	DPI 边缘服务器 / 基站 交换机/路由器	视频检测器 / 边缘计算装置 / 标牌 灯杆 / 道路摄像头 / 信号机 RSU / 传感器 气象传感器、地磁传感器、RFID读写器等
基础元器件	模组 芯片 计算芯片（如CPU、GPU、FPGA）、存储芯片（如DRAM、NAND、FLASH）、感知芯片（如MEMS、指纹、传声器）、通信芯片（如V2X、蓝牙、WIFI、NB-IOT）、能源芯片（如电源、DC-AC、LDO）等		

图 3-3　车联网应用生态

- **"聪明的车"**：自动驾驶是车侧重要应用，将持续推动车联网发展。

2021 年 L3 自动驾驶汽车正批量发布，主流车企已纷纷制定自动驾驶分阶段导入计划，加强研发高等级自动驾驶技术。

- **"车路协同"**：让车的驾驶更安全，路的通行更有效率。

基于车联网等技术，"车路协同"进行车、路信息获取，并通过车与车、车与路的信息交互和共享，实现车辆和基础设施之间的智能协同与配合，达到优化系统资源、提高道路交通安全、缓解交通拥堵的目标。"车路协同"技术的内涵有三点：一是强调人—车—路系统协同，二是强调区域大规模联网联控，三是强调利用多模式交通网络与信息交互。这项技术是信息技术与汽车、交通两大行业相融合的结果，让"聪明的车""智慧的路"进行优势互补。"车路协同"可能是未来自动驾驶和车联网快速大规模普及的必经之路。

- **"智慧的路"**：智能化建设整体滞后，不同路段建设重点将出现分化。

高速公路基础设施完善、场景相对简单，将是"智慧的路"落地优先之选。相比其他类型道路，高速公路基础设施完善，车道线清晰，路况好，基本不会出现人车混行的复杂场景，且车辆类型中恶性交通事故高发对象（如货车）占比较高，因此从效率和安全角度出发，高速公路是"智慧的路"最优先落地的方向之一。城市路口是城市道路智能化改造的重中之重，也是"智慧的路"优先落地场景之一。城市道路由于道路环境复杂，人车混行，对交通安全和效率的需求非常高。其中，交叉路口更是交通事故频发地、通行效率瓶颈所在，据相关报告分析，全国30%的交通事故发生在交叉路口。车联网将极大地改善出行安全。

3.2 自动驾驶——让梦想照进现实

3.2.1 自动驾驶的"一二三四五"

2014年，国际汽车工程师协会发布SAE J3016文件《标准道路机动车驾驶自动化系统分类和定义》，并于2018年6月进行了修订更新，将自动驾驶分为L0~L5共6个等级，见表3-3。

1）无自动驾驶（L0），即人工驾驶，完全由驾驶人执行全部动态驾驶任务（Dynamic Driving Task，DDT），包括有主动安全系统介入的情况。

2）驾驶辅助（L1），即由自动驾驶系统在连续的特定设计运行工况（Operational Design Domain，ODD）下执行动态驾驶任务的横向或纵向车辆运动控制子任务（非同时），并由驾驶人负责完成动态驾驶任务的其余内容。

3）部分自动驾驶（L2），即由自动驾驶系统在连续的特定设计运行工况下执行动态驾驶任务的横向或纵向车辆运动控制子任务，由驾驶人负责完成驾驶环境监控，并对道路目标和状态做出有效回应。

表 3-3 自动驾驶等级分类

SAE 等级	名称	概念界定	动态驾驶任务（DDT）		动态驾驶任务支援	设计的适用范围（ODD）	NHTSA 标准等级
			持续的横向或纵向的车辆运动控制	物体和事件的探测响应（OEDR）			
	驾驶人执行部分或全部的动态驾驶任务						
L0	无自动驾驶（No Driving Automation）	即便有主动安全系统的辅助，仍由驾驶人执行全部的动态驾驶任务	驾驶人	驾驶人	驾驶人	不可用	0
L1	驾驶辅助（DA, Driver Assistance）	在适用的设计范围下，自动驾驶系统可持续执行横向或纵向的车辆运动控制于某一子任务（不可同时执行），由驾驶人执行其他的动态驾驶任务	驾驶人和系统	驾驶人	驾驶人	有限	1
L2	部分自动驾驶（PA, Partial Driving Automation）	在适用的设计范围下，自动驾驶系统可持续执行横向或纵向的车辆运动控制任务，驾驶人负责执行 OEDR 任务并监督自动驾驶系统	系统	驾驶人	驾驶人	有限	2
	自动驾驶系统执行全部的动态驾驶任务（使用状态中）						

L3	有条件的自动驾驶 (CA, Conditional Driving Automation)	在适用的设计范围下，自动驾驶系统可以持续执行完整的动态驾驶任务，用户需要在系统失效时接受系统的干预请求，及时做出响应	系统	系统	备用用户	有限	3
L4	高度自动驾驶（HA, High Driving Automation）	在适用的设计范围下，自动驾驶系统可以自动执行完整的动态驾驶任务和动态驾驶任务支援，用户无须对系统请求做出回应	系统	系统	系统	有限	4
L5	完全自动驾驶（FA, Full Driving Automation）	自动驾驶系统能在所有道路环境执行完整的动态驾驶任务和动态驾驶任务支援，驾驶人无须介入	系统	系统	系统	无限制	5

4）有条件的自动驾驶（L3），即由自动驾驶系统在连续的特定设计运行工况下执行所有动态驾驶任务，但要求驾驶人具备汽车功能保障意识，可以随时对自动驾驶系统发布的干预请求以及动态驾驶任务相关的其他车辆系统的故障做出有效回应。

5）高度自动驾驶（L4），即由自动驾驶系统在连续的特定设计运行工况下执行全部动态驾驶任务和功能保障，不要求任何用户对自动驾驶系统的干预请求做出回应。

6）完全自动驾驶（L5），即由自动驾驶系统在任意连续的运行环境下执行全部动态驾驶任务和功能保障，不要求任何用户对自动驾驶系统的干预请求做出回应。

目前业界还没有形成自动驾驶的标准定义，对自动驾驶汽车的描述性定义是：自动驾驶汽车又称无人驾驶汽车、电脑驾驶汽车或轮式移动机器人，是一种通过计算机系统实现无人驾驶的智能汽车。当前自动驾驶系统主要包含融合感知、规划决策、控制执行、网联云控4大模块。其拟人化实现是利用各类智能传感器作为"感知器官"，自动驾驶系统根据感知信息完成融合计算，形成全局的理解和认知，得出决策，然后传递至控制系统形成指令，完成驾驶动作。随着自动驾驶等级的提升，系统将逐渐取代人类成为驾控主体，最终实现任意工况下的驾驶任务，这要求系统具备能够感知周围复杂环境、动态精准定位车辆位置、自主规划行驶路径、与相邻车辆协同驾驶等方面的能力。

3.2.2 自动驾驶的核心技术

车联网和高等级自动驾驶的核心关键技术按照应用场景和实现功能划分，主要涵盖环境感知、网联通信、智能决策和控制执行4个方面。

环境感知主要包括传感器技术、感知融合技术、高清地图技术；网联通信主要依赖5G和C－V2X技术；智能决策主要应用深度学习算法对环境信息进行特征提取、过滤和标记；控制执行利用算法将智能决策信息进一步与自动驾驶车辆的机械控制操作进行匹配，真正实现对于车辆行驶行为的控制，不仅依赖深度学习等算法，也需要处理器进一步的推动。

1. 环境感知

自动驾驶汽车上实现环境感知的常用传感器类型主要包括超声波雷达、毫米波雷达、激光雷达和车载照相/摄像装置。

超声波雷达是利用超声波测算距离的雷达传感器装置，通过发射、接收 40kHz、48kHz 或 58kHz 频率的超声波，根据时间差测算出障碍物距离。当距离过近时会触发报警装置发出警报声以提醒驾驶人，在近距离探测、成本和尺寸方面具备优势，但在远距离探测、分辨范围、探测精度、成像能力及检测速度等性能方面表现较差，适用于泊车场景。

毫米波雷达是一种使用天线发射波长为 1~10mm、频率为 24~300GHz 的毫米波作为放射波的雷达，通过处理目标反射信号获取汽车与其他物体的相对距离、相对速度、角度及运动方向等物理环境信息。其在各指标的表现均衡，具备全天时全天候工作能力，且价格适中，性比价高，被广泛应用于盲区检测、自适应巡航等 ADAS 场景。

激光雷达是通过分析发射及接收激光束的时间差计算障碍物距离的雷达传感器，可实现三维环境建模。其在成像能力方面远超出其他两种雷达传感器，但近距离探测能力和全天候工作能力较差，且存在尺寸巨大、成本高昂的缺陷，多应用于高等级自动驾驶上，如 L4 级汽车。

车载照相/摄像装置主要包括单目摄像头、双目摄像头、广角摄像头等，分别作为前视摄像头、后视摄像头、环视摄像头和内视摄像头使用，能够将输入摄像头的数据以每帧信息为基础进行检测、分类、分割等计算，最后利用多帧信息进行目标跟踪，输出相关结果。车规级摄像头物理性能上要满足在-40℃~85℃ 范围内正常工作并适应剧烈的温度变化，还需要抗震、防磁、防水，使用寿命至少为 8~10 年。同时，在功能上满足水平视角至少为 135°，摄像头 CMOS（Complementary Metal Oxide Semiconductor，互补金属氧化物半导体）有高动态特性且在光线较暗时能有效抑制噪点。

雷达传感器的应用场景和发展现状对比及车载摄像头应用场景见表 3-4 和表 3-5。

表 3-4 雷达传感器应用场景和发展现状对比

雷达传感器类型	成本/美元	探测距离/m	优势	应用场景	竞争格局	中国市场化进程
超声波雷达	15~20	0.1~3	成本低	倒车预警、自动泊车	壁垒不高,国内参与者众多,但在技术水平、产品质量上尚无与国际Tier1企业竞争之力	2018年渗透率达到80%,基本已实现国产
毫米波雷达	150~300	≤200	全天时、全天候	ACC（自适应巡航控制）、AEB（自动紧急制动）、FCW（前向碰撞预警）、BSW（盲区监测）、LCA（变道辅助系统）等	博世、海拉、德尔福等国际企业占据我国近90%的市场份额,华域汽车、森思泰克初步实现77GHz雷达量产	2018年渗透率仅为18%,国产化率不足12%
激光雷达	8000~80000	905~1150	高精度	高级别自动驾驶汽车	参与企业有Velodyne、Ibeo、Quanergy、北科天绘等	尚无车规级成熟量产方案

表 3-5 车载摄像头应用场景

应用场景	摄像头视角	摄像头类型	功能简介
车道偏离预警（LDW）	前视	单目/双目	当前视摄像头检测到车辆即将偏离车道线时发出警报
前向碰撞预警（FCW）	前视	单目/双目	当前视摄像头检测到与前车距离过近,可能发生追尾时,发出警报
车道保持辅助（LKA）	前视	单目/双目	当前视摄像头检测到车辆即将偏离车道线时向控制中心发出消息,控制中心发出指令及时纠正行驶方向

(续)

应用场景	摄像头视角	摄像头类型	功能简介
行人碰撞预警（PCW）	前视	单目/双目	前视摄像头标记前方道路行人，在可能发生碰撞时发出警报
交通标志识别（TSR）	前视	单目/双目	前视摄像头识别前方道路两侧的交通标志
盲点监测（BSD）	侧视	广角	利用侧视摄像头将后视镜盲区内的影像显示在驾驶舱内
泊车辅助（PA）	后视	广角	泊车时将车尾影像显示在驾驶舱内，预测并标记倒车轨迹，辅助驾驶人泊车
驾驶人注意力监测（DM）	内视	广角	摄像头安装在驾驶舱内，用于监测驾驶人是否疲劳、闭眼等
360°环视	前/侧/后视	广角	利用车辆前、侧、后视摄像头，结合图像拼接技术输出车辆周边全景图

车辆不同位置的各类感知设备可以获得不同方位的图像、视频、雷达点云等信息，这些信息间可以相互补充，也可能会存在冗余与矛盾，需要利用控制中心下达正确的指令，对收集到的信息进行融合与综合判断，以保证感知信息的准确有效。这是自动驾驶车辆可靠性和安全性的基础保障。

图像数据拥有丰富稠密的物体信息，但是缺少画面的深度信息，雷达数据恰好可以弥补这个缺陷，给出精确的深度信息和物体的结构信息。在自动驾驶系统进行 3D 目标检测的过程中，融合这两类数据信息可以达到更高的精度。

图 3-4 所示为感知融合的计算优化方法。ROS 系统是一个用于机器人控制开发的框架系统，也叫元操作系统（Meta OS），可以看作是中间件。而自动驾驶系统（例如百度的 Apollo 系统）可以认为是其上的应用软件系统。

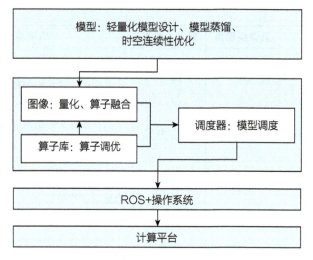

图 3-4　感知融合的计算优化方法

高精地图技术几乎能够实时地反映道路特征环境信息，真实刻画地理空间，其精度可以达到 5~20cm，以确保自动驾驶车辆自定位误差在厘米级。高精地图包含道路网络以及周围环境的丰富属性信息和语义信息，能够完整记录地物 3D 信息、拓扑关系和路况信息，增加了详细的车道限制属性。除了等同于传统地图的每月更新的持续静态数据、按小时更新的瞬时静态数据外，高精地图所能提供的瞬时动态数据更新频率达到分钟级，车辆行人实时状态等高度动态数据的更新频率达到秒级，其定位精度和更新频率已经可以满足高等级自动驾驶的需求。

2. 网联通信

智能网联汽车通过搭载先进的传感器、控制器、执行器等装置，融合现代通信与网络技术，实现车辆与外界（人、车、路、后台等）的智能信息交换共享，以及对复杂环境的感知，完成智能决策、协同控制。网联通信主要采用 DRSC 和 V2X 两类技术。3.1.2 节对 DRSC 和 C-V2X 技术发展进行了基本的介绍，本节将着重介绍 C-V2X 的技术特点。

C-V2X 指基于蜂窝移动通信系统的 V2X 无线通信技术，包含 LTE-V2X 和 5G-V2X，其系统结构如图 3-5 所示。C-V2X 包括两种模式：一是终端和基站之间通过空口通信，基站作为集中式控制中心和数据信息转发中心完成集中式无线资源调度、拥塞控制和干扰协调等功能;二是车、人、路之间通过PC5接口实现短距直连接口,实现低时延、高可靠性传输。通过在C-V2X应用层与接入层之间增加适配层,可以实现通信模式的智能选择,两种模式优势互补,支持业务分流控制、无线传输控制、业务质量管理、连接控制管理等功能,合理平衡网络负荷。

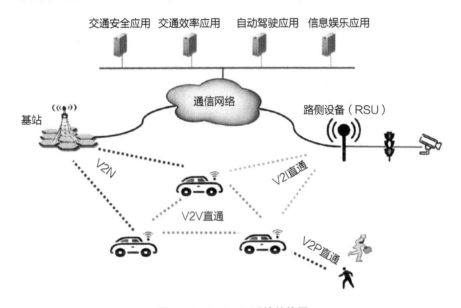

图3-5 C-V2X系统结构图

在无线传输方面,C-V2X在蜂窝通信帧结构的基础上支持车辆高速运动和5.9GHz高载频下的直通通信特性,帧结构重用了蜂窝通信子载波间隔、符号调制方式、子帧长度等基本参数,采用了导频加密方法将原有的2列导频增加到4列,将子帧内第一个符号用作保护间隔和自动增益控制,融合了空口和PC5的帧结构,平衡了控制系统开销和及时跟踪信道时变。

在调制方面,C-V2X采用SC-FDMA(Single-Carrier Frequency-Division Multiple Access,单载波频分多址)降低了峰均比,实现了性能提升,并且支持能适配多种消息大小的灵活的调制编码方案,可满足车联网多种应用的不同需求。

在接入控制和资源调度方面,C-V2X结合道路安全业务周期性特性,采用结合感知信道与半持续调度的分布式资源调度机制,减少了系统干扰和信令开销,提高了传输可靠性。

5G-V2X 与 LTE-V2X 相比，在直通通信模式上有了更大的突破，增大了子载波间隔，具备了灵活的时隙结构，缩短了传输时间间隔，扩充了新的共享信息通道和控制通道映射关系，针对广播通信引入反馈以提高可靠性，增加了单播和广播通信以支持复杂交互的业务需求。

3. 智能决策

自动驾驶中的智能决策是自主驾驶系统智能性的直接体现，对车辆的行驶安全与整车性能起着决定性的作用。

自动驾驶采用多层次的开关式深度学习网络来解决决策网络过于复杂、计算冗余大的问题。开关式深度学习网络架构如图 3-6 所示。网络整体结构包括卷积神经网络（Convolutional Neural Networks，CNN）层、特征选择网络（Feature Selection Networks，FSN）层和长短期记忆网络（Long Short-Term Memory，LSTM）层。其中 CNN 层的主要作用是提取输入图像特征，而 FSN 层根据输入的不同的驾驶指令对 CNN 层输出的图像特征进行选取，LSTM 层用以获得不同图像帧之间的时空关系。

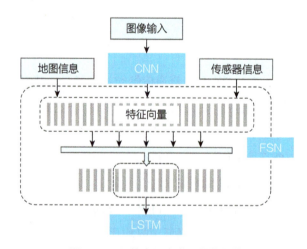

图 3-6 开关式深度学习网络架构

在开关式深度学习网络的结构下，设计网络损失函数实现对不同场景下网络参数的随时更新，针对图像、视频信息进行数据增强，并采用 ADAM（Adaptive Moment Estimation，自适应力矩估计）算法和阶梯状学习率进行模型优化后，特征重叠度降低至25%,相比于封闭式神经网络,预测在车道保持、十字路口导航、直行跟车和避障等方面,功能和性能得到了大幅提升和保障。在采用RMSE(Root Mean Square Error,均方根误差)和R^2(R-Square,拟合优度)对模型性能进行评估时,结果预测准确率提升31%,行驶通过率达到90%以上,复杂路况下的避障功能运行良好。

此外,基于时空卷积的多模态多任务(Multimodal Multitask of Spatial-Temporal Convolution,MM-ST Conv)能够融合空间多路信息与车辆历史连续运动状态序列,将RGB图像、深度图像和车辆历史运动状态序列共同作为多模态输入,并利用语义分割信息提高模型预测精度,同时采取硬参数共享的多任务学习方式提升网络模型的预测性能,减少模型训练误差。这一端到端的网络架构分为空间特征提取子网络、时间特征提取子网络和多任务预测子网络3种,如图3-7所示。与单一时间网络模型相比,MM-ST Conv模型的预测精确度提升了47.4%,训练损失降低了74.2%,模型训练时预测误差收敛速度提升了4倍,与其同类算法相比,在自动驾驶端到端的行为决策中具有非常明显的性能优势。MM-ST Conv与其他3种模型在不同训练周期下的预测精确度对比见表3-6。

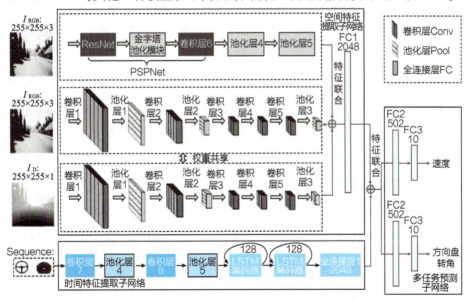

图3-7 MM-ST Conv整体架构

表 3-6　MM-ST Conv 与其他 3 种模型在不同训练周期下的预测精确度对比

训练周期/次	模型	空间、时间信息表示	训练损失	精确度（%）
5000	PilotNet	RGB	0.4692	57.4
	FCN－LSTM	RGB+SegNet	0.4516	58.3
	DBNet	RGB+Depth+时间信息	0.3915	60.6
	MM－STConv	RGB+Depth+SegNet+时间信息	0.2718	75.2
8000	PilotNet	RGB	0.3936	72.5
	FCN－LSTM	RGB+SegNet	0.3826	73.7
	DBNet	RGB+Depth+时间信息	0.3032	78.1
	MM－STConv	RGB+Depth+SegNet+时间信息	0.2126	80.3
10000	PilotNet	RGB	0.2505	78.4
	FCN－LSTM	RGB+SegNet	0.2358	79.2
	DBNet	RGB+Depth+时间信息	0.1868	82.9
	MM－STConv	RGB+Depth+SegNet+时间信息	0.1305	83.6

4. 控制执行

如果说环境感知系统相当于驾驶人的眼睛，网联通信系统相当于驾驶人的神经，智能决策系统相当于驾驶人的大脑，那么控制执行系统就相当于驾驶人的手脚。

具体而言，自动驾驶控制执行系统是指系统做出决策规划以后，替代驾驶人对车辆进行控制，然后反馈到底层模块执行任务。可以说，控制执行系统是自动驾驶汽车行驶的基础，车辆的各个操控系统需要通过总线与决策系统相连接，并能够按照决策系统发出的总线指令精确地控制加速程度、制动程度、转向幅度、灯光控制等驾驶动作，以实现车辆的自主驾驶。

（1）控制执行核心技术　自动驾驶控制执行的核心技术主要包括车辆的纵向控制和横向控制技术。纵向控制，即车辆的驱动与制动控制，是指通过对油门和制动的协调（电动汽车控制更容易），实现对期望车速的精确跟随。横向控制，即通过方向盘角度的调整以及轮胎力的控制，实现自动驾驶汽车的路径跟踪。

自动驾驶汽车采用油门和制动综合控制的方法来实现对预定车速的跟踪，各种电机—发动机—传动模型、汽车运行模型和刹车过程模型与不同的控制算法相结合，构成了各种各样的纵向控制模式。纵向控制系统对危险场景的反应速度快，避撞控制精确、有效，可最大限度避免交通事故的发生以及人员的伤亡。此外，纵向控制系统在保证行驶安全的前提下，还可缩短车间距离，有效提高道路通行率，减轻因堵车造成的环境污染。

车辆横向控制指垂直于运动方向上的控制，即转向控制。横向控制系统目标是控制汽车自动保持期望的行车路线，并在不同的车速、载荷、风阻、路况下均有很好的乘坐舒适性和稳定性。车辆横向控制大致可以分为两种基本设计方法：基于驾驶人模拟的方法和基于车辆动力学模型的方法。

基于驾驶人模拟的方法又可以划分为两种，一种是使用较简单的动力学模型和驾驶人操纵规则设计控制器，另一种是用驾驶人操纵过程的数据训练控制器获取控制算法。基于车辆动力学模型的方法需要建立较精确的汽车横向运动模型。例如，典型模型之一的单轨模型认为汽车左右两侧特性相同。

（2）控制执行核心算法　自动驾驶汽车行驶环境具有不确定性、不可重复性和不可预测性等特征，很难建立精确的数学模型进行控制律的设计，因此传统控制策略已无法满足自动驾驶控制的要求，基于人工智能的智能控制算法就成为目前自动驾驶控制系统的主流形式。常见的智能控制算法主要有基于模型的控制、神经网络控制和深度学习算法等。

1）基于模型的控制。基于模型的控制一般称为模型预测控制，它的当前控制动作是在每一个采样瞬间通过求解一个有限时域开环最优控制问题而获得的。其基本原理可概括为：在每个采样时刻，根据当前获得的测量信息，在线求解一个有限时域的开环优化问题，并将得到的控制序列的第一个元素作用于被控对象，在下一个采样时刻，重复上述过程，再用新的测量值刷新优化问题并重新求解。这种控制算法的优点是对模型的精度要求不高，建模方便，且因为采用非最小化描述的模型，系统鲁棒性、稳定性较好。

2）神经网络控制。神经网络控制可以把控制问题看成模式识别问题，被识别的模式映射成"行为"信号的"变化"信号。神经网络控制最显著的特点是具有学习能力，它是通过不断修正神经元之间的连接权值，并离散存储在连接网络中来实现的。它对非线性系统和难以建模的系统的控制具有良好效果。

3）深度学习算法。深度学习算法可以获得深层次的特征表示，免除人工选取特征的繁复冗杂和高维数据的维度灾难等问题，在特征提取与模型拟合方面具有很大优势。由于自动驾驶系统需要尽量减少人的参与，因此深度学习自动学习状态特征的能力可以让其在自动驾驶系统的研究中更具优势。

3.2.3 自动驾驶的发展现状

单车自动驾驶是基于车载传感器的感知融合与智能识别，结合离线地图、GNSS 和地基增强、惯性导航和 SLAM（Simultaneous Localization and Mapping，即时定位与地图构建），通过预加载控制决策算法的车载处理器进行全局线路和局部轨迹预测，对车辆进行横向和纵向控制。随着自动驾驶等级的提高，需要覆盖更广的运行设计区域，具备更强的意外事故应急反应能力，完善更好的自身安全保障体系，大大提高对现有的单车自动驾驶的技术水平要求和经济成本投入。

当前市售车辆辅助驾驶功能多为单车实现的局部功能，主要处于 L0～L2 级别，通过单车摄像头、激光雷达、毫米波雷达感知定位系统和车载计算平台完成局部感知及预警、辅助决策和控制功能。辅助决策和控制以单车道纵向控制为主，当前实装 L2 辅助驾驶功能仍不完善，难以完整完成实际驾驶辅助需求。即使在 Waymo、Lyft、百度 Apollo、滴滴等开展的 RoboTaxi 项目中已经能在人车稀少的部分场景中实现准 L3 和 L4 级别的自动驾驶，但其中安全员的监督仍然起着不可或缺的作用，并不能视为真正意义上的自动驾驶。

集中道路测试反映了目前自动驾驶的较高水平，各企业总体发展迅速，但系统可靠性和应对复杂交通场景的能力方面仍有大量问题需要解决。封闭测试场可靠性测试中存在较多由车辆定位异常、感知错漏、控制失调造成的测试故障。而开放道路测试中 14% 的自动驾驶脱离可以确定是由策略缺陷、人工安全防御、系统故障等造成的，更多测试失败原因是场景复杂度高、意外情况频发等因素难以定位和解决。

其中 L4 和 L5 等级的自动驾驶可以被称作高等级自动驾驶。

L4 等级的自动驾驶仅允许在设计运行条件内激活，激活后在设计运行条件内执行全部动态驾驶任务，能够识别是否即将不满足设计运行条件，识别驾驶自动化系统失效和车辆其他系统失效，并且在即将不满足设计运行条件，驾驶自动化系统失效或车辆其他系统失效、用户未响应接管请求和用户要求实现最小风险状态时应该执行动态驾驶任务接管，并自动达到最小风险状态。除非已经达到最小风险状态或驾驶人在执行动态驾驶任务，否则不得解除系统控制权，而当存在安全风险时可暂缓解除系统控制权。

L5 等级的自动驾驶无设计运行条件限制，激活后执行全部动态驾驶任务，并且能够识别驾驶自动化系统失效和车辆其他系统失效。当驾驶自动化系统失效或车辆其他系统失效、用户未响应接管请求或用户要求实现最小风险状态时，执行动态驾驶任务接管，并自动达到最小风险状态。除非已经达到最小风险状态或驾驶人在执行动态驾驶任务，否则不得解除系统控制权，而当存在安全风险时可暂缓解除系统控制权。

1. 限定区域

限定区域下，没有其他参与上路行驶的车辆和行人，或车辆和行人数量较少，自动驾驶车辆行驶路线相对固定，行驶速度较低，商业模式和运营模式十分清晰。在车路协同的总体框架下，感知、通信、决策、控制功能需要覆盖的范围和达到的精度比较确定，路侧基础设施的部署建设方案模式比较成熟，调整技术细节以适应具体方案的可行性很大。同时，在限定区域下，运营和责任主体较开放区域而言相对简单，受政策影响相对较小，相关法律规范较为容易完善。近年来，各大企业主要发力的限定区域场景包括自动代客泊车系统、矿区自动驾驶、港口自动驾驶、干线物流、园区自动驾驶游览车、自动清扫车等，能够显著降低人力成本，提高作业效率和安全性。通过个性化部署路侧基础设施，可以在限定区域自动驾驶场景下有效提升车辆自动驾驶规模，减少单车制造成本，快速展开高等级自动驾驶在垂直行业中的布局。高等级自动驾驶应用场景分析如图 3-8 所示。

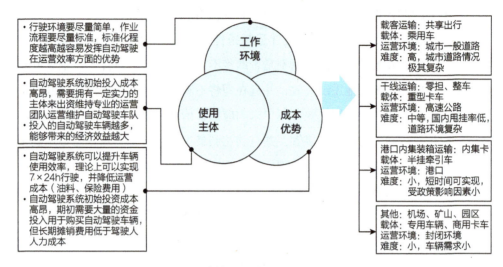

图3-8 高等级自动驾驶应用场景分析

  自动代客泊车（Automated Valet Parking，AVP）系统和车辆召唤场景是典型的低速、人少、驾驶范围限定的高等级自动驾驶场景，既可以采用以单车自动驾驶为主、路侧基础设施辅助的自主式 AVP，也可以采用以路侧基础设施控制为主的网联式 AVP。考虑到不同停车场的场地布局、基础设施部署的难度、无线网络传输的可靠性、车流量和车流密度等，可以采取不同的方案对路侧基础设施进行部署。自主式 AVP 仅需要在单车感知盲点补充建设路侧感知设备和 RSU，可以采用检测车预先对停车场数据进行扫描和测量并上传至云平台，形成该场景的高精地图，并发送给在该停车场中运行的自动驾驶车辆，这类方案使用场景广泛且复制成本低，但是辅助驾驶系统鲁棒性较差，车端改造成本极高。网联式 AVP 需要在停车场中部署毫米波雷达、激光雷达、摄像头和 RSU 等路侧基础设施，能够克服停车场内遮蔽较多、传感器盲区大等单车自动驾驶难以解决的问题，对自动驾驶车辆上的感知设备性能和处理器能力要求不高，但是对停车场的改造成本较高，运行中存在封闭环境定位困难和系统整体交互逻辑比较复杂的问题。对于路侧基础设施建设的情况和自动驾驶技术方案的选择，根据具体场景的差异必然有所不同，合理部署路侧基础设施有助于在功能、性能和经济效益上直接取得最佳的平衡。AVP 工作场景如图3-9所示。

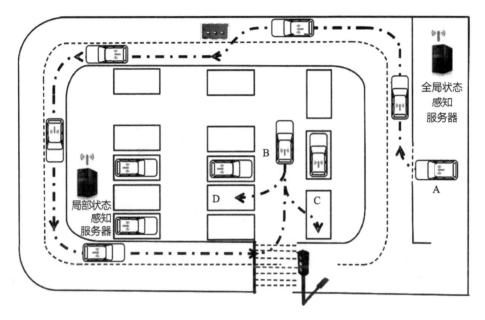

图 3-9 AVP 工作场景

矿区场景下的工况十分恶劣，导致人员管理成本高，对无人驾驶的需求非常迫切。智慧矿区无人驾驶的商业模式已经初步成熟，其车路协同的技术架构十分清晰，自动驾驶矿车上装载的通信模块既可以通过蜂窝数据网络与矿场周围建设的无线基站直接进行通信，也可以通过 PC5 短距通信与 RSU 和其他自动驾驶矿车直接通信，不同的通信方式用于装载区、矿区道路、排土区、卸载区等不同区域。智慧矿区应用利用路侧装载的摄像头和雷达等传感器提供的图像资料进行视频分析，并结合高精地图信息、车载传感器信息等进行信息融合，实现 MRC（Minimum Risk Condition，最小风险条件）管理等功能。矿区内建设的 MEC（Mobile Edge Computing，移动边缘计算）通过基站获得车载传感器信息和路侧传感器信息等，除了可以运用深度学习等算法对无人驾驶矿车进行路径控制和驾驶接管等操控，也能兼顾矿区作业所需要的装载、卸载等工作，并且能灵活适应矿区不同工作区域的不同规则。智慧矿区无人驾驶总体结构如图 3-10 所示。

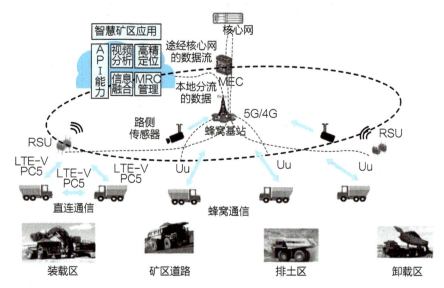

图 3-10 智慧矿区无人驾驶总体结构

港口场景通行车道狭窄，道路标线十分复杂，集装箱堆叠的变化导致港口环境变动频繁且结构变化较大，车道不能固定，因此无法依据固定地图来进行定位和路径规划。港口对无人车与装卸设备之间的精度要求较高，必须小于或等于 3.5cm。除了无人驾驶车辆与港口道路之间的车路协同外，不同类型运输车辆之间的协同以及车辆与装卸设备之间的协同也要一并纳入整体方案的考虑中。在车路协同整体技术架构下，计算和决策阶段除路径规划、障碍规避和远程控制外还要着重车辆管理、任务调度、AI 理货等功能的规划，并且要为智慧堆场、智慧闸口等应用预留接口和共享数据。港口集卡运行区域示意如图 3-11 所示。

干线物流存在驾驶人短缺、事故频发、运营成本高、运营效率低等痛点，自动驾驶干线物流是行驶在高速公路固定路线场景下的 L4 自动驾驶车

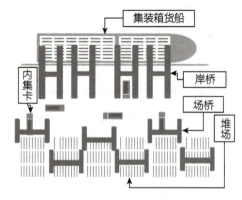

图 3-11 港口集卡运行区域示意

辆，设计运行区域具有道路铺装好、结构化程度高、无对向来车等适合自动驾驶车辆运行的优势，同时也具有特定的曲率、坡度限制、有高速上下闸道等需要路侧基础设施配合进行感知、决策的场景特点。在坡度陡、弯道多、流量大的路段加大 RSU、雷达和摄像头、MEC 等路侧基础设施的部署密度，加强对于高速场景下的道路监测和对于车辆的运行指导，能够提升高速自动驾驶车辆在复杂道路条件下的决策和控制能力，同时能够结合天气信息以应对雨、雪、雾、道路结冰等特殊情况，提供更强有力的安全性和可靠性保障。

自动驾驶在限定区域的使用在降低了人工劳动成本的同时提高了工作效率，并且杜绝了重大安全事故发生的可能，保证了矿区、港口等场景下作业的安全性，减少了高速公路货运车辆因驾驶人疲劳驾驶或操作失误导致的事故，具有很重要的经济效益和社会效益。

2. 开放道路区域

高等级自动驾驶汽车在开放道路区域行驶路线自由，其他车辆、行人、交通管理设施等被感知对象相对更加丰富，需要遵守的形式规则也更加复杂，尤其是在交叉口、长隧道、匝道口等单车自动驾驶的技术瓶颈场景，部署路侧基础设施将对实现高等级自动驾驶有很大帮助。

单车自动驾驶在道路交叉口对红绿灯及交通标志牌的识别能力较弱，对行人的动作意图难以判断，而路口防碰撞、逆向超车预警、AEB（Autonomous Emergency Braking，自动紧急制动）等均对车路协同具有很强的依赖性，因此需要在道路交叉口部署多组毫米波雷达、激光雷达、高清摄像头、RSU 和 MEC 来配合智能交通灯，通过多维信息融合构建局部动态地图，实现对于局部交通态势的综合感知和红绿灯动态配时。同时，路侧基础设施能够解决高等级自动驾驶车辆在交叉口转弯或调头时难以感知到存在感知盲区的问题，如果遇到单车不能感知到的车辆行驶状况，RSU 可以将路侧设备感知和决策信息即时传递给车辆，大大提升安全性和可靠性。交叉口路侧感知设备覆盖范围如图 3-12 所示。

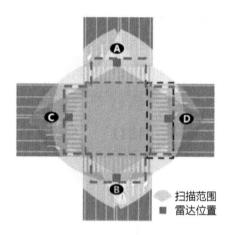

图 3-12　交叉口路侧感知设备覆盖范围

高速公路和长隧道汇入口车流量大、行车视距小，汇出口出现大量连续变道行为，高等级自动驾驶车辆容易出现视野盲区，高精地图也很难对长隧道中行进的车辆进行符合高等级自动驾驶技术要求的定位。通过在匝道出入口、隧道出入口和隧道内部署激光雷达、毫米波雷达、高清摄像头、补光灯、RSU 和 MEC，可实现对超视距障碍物的感知和应急事件检测。

高速公路编队行驶也是高等级自动驾驶的重要场景之一，编队行驶需要严格控制车间距和车速，对单车控制稳定性和队列控制稳定性要求都很高。高速公路旁需要部署激光雷达、毫米波雷达、高清摄像头等感知设备，路侧设备 RSU 以及 V2X 服务器协同车队进行数据互通和协同感知，并形成协同决策和控制，保障信息置信度、通信可靠性和行驶安全性，以支撑道路施工预警、异常闯入预警、前方事故预警、长隧道定位、自动变道超车、自动紧急停车等功能。

对于城市道路场景、高速公路场景和乡镇道路场景，已经具备了比较清晰可行的部署思路和具体方案。

城市道路中，车路协同自动驾驶的重点在于获取和分析动态交通流并预测城市内车流和人流的方向和趋势。在每个交叉路口计划部署 1 台 RSU、工业级摄像机和毫米波雷达，大型路口部署 1 套激光雷达（以固态激光雷达为例，一般需要 2~4 个来实现对角覆盖），如有高架桥或者城市峡谷类的建筑物遮挡，需要增加 RSU 部署，以保证路段 C-V2X 信号全城市覆盖。采用高精度定位服务，RSU 广播车道及预警信息，同时保证 RSU 实时获取交叉路口每组信号灯的相位信息。每个路口接入每个来车方向的监控视频和雷达，接入边缘计算单元，对事件实时进行分析识别。

对于高速公路，优先实现收费站、服务区、枢纽匝道路出入口和隧道出入口 RSU 全覆盖，逐步在其余路段增加 RSU 部署密度。普通路段按照 500m 部署 1 个 RSU 进行规划，在互通立交、弯道、隧道等传输环境不理想的区域按照 300m 部署 1 个 RSU 进行规划，以保证路段 C‑V2X 信号全覆盖，消除管控盲点。结合高速龙门架，在匝道、车道收紧处、事故频发路段部署工业级摄像机、毫米波雷达和激光雷达（以固态激光雷达为例，一般每个方向部署 1 台，即每点位 2 台），并且部署边缘计算节点进行事件分析，实现对于重点点位的三维场景构建、交通事件检测和异常交通事件识别。

乡镇道路地形多变，多存在树木遮挡和山体遮挡，且立杆走线难度较大。计划首先在道路条件差的点位覆盖部署 RSU 并逐步增加部署密度，普通道路按照 1500m 部署 1 个 RSU 进行规划，高山、峡谷、长坡和有树木遮挡等传输环境不理想的区域 800m 部署 1 个 RSU，其中，在有立杆的位置配套部署激光雷达或摄像头+毫米波雷达，以保证路段 C‑V2X 信号覆盖和对于重点点位的三维场景构建，为在途车辆提供连续的智能交通检测安全预警信息服务，消除管控盲点。

3.3 5G 让 V2X 和自动驾驶如虎添翼

3.3.1 LTE-V2X 到 5G-V2X

C‑V2X 指从 LTE‑V2X 到 5G‑V2X 的平滑演进，它不仅支持现有的 LTE‑V2X 应用，还支持未来 5G‑V2X 的全新应用。

因为 5G 具有上行大带宽、下行低时延高可靠的特点，所以相对于 4G，5G 更适用于远程驾驶。由远程控制的车辆将实时音视频、声音、震动等经视频编码后通过 5G 传到云端，再经视频解码后传给人。在人收到前方传来的信号后，通过直接控制或者远程指示下达车辆控制指令，经 5G 传输给远程驾驶车辆，进而实时进行机械控制。5G 上行宽带传输速率最高可达 10Gbit/s，可在每平方千米内支持至少 800 辆车的数据传输。也正是因 5G 的下行时延小于 5ms，可支持车辆以 60km/h 的速度行进，真正地满足了车联网、自动驾驶所需。安全保障作为出行的刚需，5G 可提供较为可靠的服务。不仅如此，5G 还可以让我们身临其境，获取丰富的驾驶感知信息。

C-V2X 技术在 3GPP 的标准化发展可以分为 3 个阶段：

- **第一阶段**：3GPP Release14 基于 LTE 的 V2X 标准化工作于 2017 年 3 月完成，面向基本的道路安全业务的通信需求，引入了工作在 5.9GHz 频段的直通链路（PC5 接口）通信方式，并对公众移动蜂窝网的 Uu 接口进行了优化。

- **第二阶段**：3GPP Release15 对 LTE-V2X 的增强标准化工作于 2018 年 6 月完成，主要是在 PC5 接口引入了载波聚合、高阶调制等技术以提升数据速率，并引入了可降低时延的部分技术。3GPP Release15 的 5G 标准重点针对增强移动宽带场景，没有对 V2X 业务进行针对性设计和优化。

- **第三阶段**：3GPP Release16 于 2018 年 6 月启动了 5G-V2X 的研究课题，重点是面向高级 V2X 业务的需求，研究基于 5G 的 PC5 接口技术和对 Uu 接口的增强，该研究课题在 2019 年 3 月完成，并启动了相应的 5G-V2X 标准化项目。主要标准化内容包括：基于 PC5 和 Uu 接口支持高级 V2X 业务；对于 PC5 接口支持单播、组播和广播 3 种模式，以提供支撑不同业务的能力；5G-V2X 支持 In-Coverage、Partial-Coverage 和 Out-of-Coverage；5G-V2X 基于通用的架构支持直通链路在中低频和毫米波频段工作；支持 LTE-V2X 和 5G-V2X 共存。此外，Uu 接口网络还引入了 V2X 通信切片、边缘计算、QoS 预测等特性，以满足车联网低时延、高可靠性、大带宽等需求。

针对 C-V2X 辅助驾驶典型应用场景，通过 C-V2X 工作组、C-SAE、C-ITS 等中国标准及产业组织共同研究，面向辅助驾驶阶段定义了 17 个 C-V2X 的典型应用场景，见表 3-7。这些应用场景基于 C-V2X 信息交互，可实现车辆、道路设施、行人等交通参与者之间的实时状态共享，辅助驾驶人进行决策。

表 3-7 辅助驾驶典型应用场景

序号	类别	应用名称	序号	类别	应用名称
1	安全	前向碰撞预警	10	安全	限速预警
2	安全	交叉路口碰撞预警	11	安全	闯红灯预警
3	安全	左转辅助	12	安全	弱势交通参与者碰撞预警
4	安全	盲区预警/变道辅助	13	效率	绿波车速引导
5	安全	逆向超车预警	14	效率	车内标牌
6	安全	紧急制动预警	15	效率	前方拥堵提醒
7	安全	异常车辆提醒	16	效率	紧急车辆提醒
8	安全	车辆失控预警	17	信息服务	汽车近场支付
9	安全	道路危险状况提示			

此外，5G 汽车联盟（5GAA）也定义了辅助驾驶典型应用场景，包括安全、效率、高级辅助驾驶、行人保护 4 大类共计 12 个场景，具体场景与中国定义的场景类似。辅助驾驶典型应用场景的部署对通信网络、数据处理、定位等方面提出了具体需求。在通信方面，时延要求小于 100ms（在特殊情况下小于 20ms），可靠性需满足 90%~99%，典型数据包大小为 50~300B，最大 1200B；在数据处理方面，据统计，单车产生的数据每天约为 GB 级，对大量车辆、道路、交通等数据的汇聚，需要满足海量数据储存的需求，同时对这些数据提出实时共享、分析和开放的需求；在定位方面，定位精度需满足车道级定位，即米级定位，并且车辆需要获取道路拓扑结构。

3.3.2 没有 5G，就没有高级自动驾驶

1. 高级自动驾驶增强应用场景及技术需求

5G 技术极大地促进了智能驾驶和智慧交通的发展。产业各方开始了面向自动驾驶的增强型应用场景的研究与制定，一方面从基础典型应用场景的实时状态共享过渡到车与车、车与路、车与云的协同控制，增强了信息交互复杂程度，可实现协同自动驾驶与智慧交通的应用；另一方面基于通信与计算技术的提升，交通参与者之间可以实时传输高精度视频、传感器数据，甚至是局部动态高精地图

数据，提高了感知精度与数据丰富程度。

车辆与车辆或者路侧基础设施之间，可以实现十字交叉路口碰撞预警、紧急刹车预警等车辆行驶安全应用。以十字交叉路口碰撞预警为例，车辆对外广播自身的类型、位置信息、运行状态、轨迹等基本安全消息，交叉路口其他方向车辆通过接收信息进行行驶决策。另外，通过路侧基础设施对路口的车辆、行人进行探测与分析，并将对应的结果进行广播，构建"全息路口"，也可以便于附近通行车辆更好地进行行驶决策。

此外，经过联网化改造的交通灯或电子标志标识等基础设施可将交通管理与指示信息广播出来，实现诱导通行、车速引导、红绿灯或者限速提醒等出行效率提升和行驶安全应用。以诱导通行为例，交通灯信号机可将灯色状态与配时等信息实时传递给周围的行驶车辆，为车辆决策是否通过路口及其对应的通行速度提供相应依据，并且可以一定程度上避免闯红灯事故的发生。救护车、消防车等特种车辆可将其身份、位置等信息发送至沿途其他车辆，令其让道让行，并向沿途信号机申请实现绿灯通行，保障快速到达任务现场。随着以上效率类场景不断普及，可进一步推动城市路口之间感知与控制信号的联动，构建城市级交通协同调度场景，提升整体道路通行效率。

产业界正逐步对增强的应用场景进行定义、研究和探索。3GPP 将增强的应用场景分为 4 类，包括车辆编队行驶、半/全自动驾驶、传感器信息交互和远程驾驶；5GAA 也针对面向自动驾驶的增强应用场景进行了定义，涉及安全、效率、信息服务等方面，见表 3-8。

表 3-8　自动驾驶增强应用场景

序号	类别	应用名称	序号	类别	应用名称
1	安全	协作式变道	6	安全	慢行交通轨迹识别及行为分析
2	安全	协作式匝道汇入	7	效率	车辆编队
3	安全	协作式交叉口通行	8	效率	协作式车队管理
4	安全	感知数据共享	9	效率	特殊车辆信号优先
5	安全	道路障碍物提醒	10	效率	动态车道管理

(续)

序号	类别	应用名称	序号	类别	应用名称
11	效率	车辆路径引导	16	信息服务	浮动车数据采集
12	效率	场站进出服务	17	信息服务	差分数据服务
13	效率	基于实时网联数据的交通信号配时动态优化	18	信息服务	基于车路协同的主被动电子收费
14	效率	高速公路专用道柔性管理	19	信息服务	基于车路协同的远程软件升级
15	效率	智能停车引导			

面向自动驾驶的增强应用场景对数据交互技术、高精度定位技术、多传感器融合技术、高性能处理平台、高精地图等提出了新的需求。在通信方面，单车上下行数据速率需求大于 10Mbit/s，部分场景需求大于 50Mbit/s，时延需求为 3~50ms，可靠性需大于 99.999%；在信息交互方面，需实时交互车辆、道路、行人的全量数据，利用多传感器融合技术获取实时动态交通高精地图；在数据处理方面，单车每天将产生高达 PB 级的数据，对数据的存储、分析等计算能力提出了更高的要求；在定位方面，需达到亚米级的定位精度。

2. 5G 技术赋能自动驾驶应用

随着无线通信技术的不断演进，车联网应用也向着协同化和智能化发展，可实现更高等级、复杂场景的自动驾驶服务。例如，远程遥控驾驶在 5G 网络的支持下，可以实时获取车辆的行驶状态和周边交通环境信息，通过发送指令控制远在几十甚至几百千米之外的车辆，完成启动、加减速、转向等真实驾驶操作，可以应用于危险品以及矿区运输，也可以满足自动驾驶失效情况下人工远程介入的需求。美国卡特彼勒的综合性管理监控系统（MINESTAR）、日本小松的综合性矿山车队管理系统（AHS）等已实现无人采矿方案的商业部署。再如，车辆编队行驶利用 5G 通信的低时延、高可靠能力，同方向行驶的一队车辆可通过相互间的直接通信而实现互联，车队尾部的车辆可以在最短时间内接收到头车的驾驶策略，进行同步加速、刹车等操作。

5G-V2X 针对毫秒级时延、单车百兆速率的自动驾驶场景，基于 5G NR Uu 技术引入了 5G PC5。为满足车联网低时延、高可靠性、大带宽等需求，5G Uu 网络引入了 V2X 通信切片、边缘计算、QoS 预测等特性。

（1）5G 切片技术　车联网的应用场景非常丰富，业务需求呈现出多样性的特征，既有大带宽、数据传输速率高的需求，又有对可靠性、时延等要求高的需求。对车联网可考虑 3 种类型切片：第一类为 eMBB 切片，支持车内娱乐、视频应用及在线游戏等业务需求；第二类是 V2X 通信切片，支持驾驶相关业务的网络需求；第三类是针对汽车厂商定制化的切片，可以由车厂单独运营，支持某品牌车辆特有服务，如远程问题诊断等。

（2）边缘计算技术　移动边缘计算（Mobile Edge Computing，MEC）技术将计算、存储、业务服务能力向靠近终端或数据源头的网络边缘迁移，具有本地化处理、分布式部署的特性。面向车联网的 MEC 一方面通过将业务部署在边缘节点，以降低 C-V2X 网络的端到端通信时延；另一方面作为本地服务托管环境，提供强大的计算、存储资源。

（3）QoS 预测　车联网业务有别于其他 5G 网络业务，对通信性能的改变十分敏感。面对这一需求，5G 网络引入了网络数据分析功能（Network Data Analytics Function，NWDAF），通过采集分析数据，提前预判某车辆进入的小区是否能够满足 5G-V2X 业务的 QoS 需求，从而提前通知车辆。此外，5G-V2X 应用还将反馈给网络最高 QoS 需求和最低 QoS 需求，最大限度保障 5G-V2X 的业务。

（4）业务连续性　业务连续性指在终端移动状态下，通过不同网络侧会话管理机制来保障车辆快速移动状态下不同用户面功能（User Plane Function，UPF）切换时的业务体验。目前 3GPP 标准中 R15 版本定义的保障业务连续性主要有 3 种模式。在 R16 版本中又增加了 1 种超可靠低时延的业务连续性方案，在涉及切换的 2 个 UPF 之间建立转发通道，保障车辆在移动过程中会话不中断。

5G 在直连通信技术上也进行了增强，同 LTE-V2X 类似，NR PC5 也支持两种通信模式，即模式 1 和模式 2（类似于 LTE-V2X 中的模式 3 和模式 4）。3GPP 正在讨论新增资源调度 NR 模式 2 的子模式以优化通信性能。

在低时延方面，NR-V2X 支持 3ms 端到端超低时延需求，引入 60kHz 子载波间隔以支持更短的子帧结构，NR Sidelink 支持基于预配置资源的免调度传输方案。在高可靠方面，5G-V2X 支持单播及组播，并支持混合自动重传请求（Hybrid Automatic Repeat reQuest，HARQ）等重传技术，确保高于 99.999% 的超高可靠性。同时，5G-V2X PC5 既支持 ITS 频段，又可扩展到 IMT 频段，从而创造了更多的业务空间。

3. 5G+自动驾驶，让驾驶更安全

随着车联网的不断完善与逐步应用，产业界越来越意识到车联网信息安全问题的重要性。如何在不降低系统运行效率、不增加额外开销的前提下，有效实现车路协同系统节点安全认证，确保车载终端、路侧设备、云平台等网元实体之间信息通信的安全性，是当前产业界面临的主要技术挑战。因此，在车联网安全方面需在以下两方面取得突破进展。

（1）安全认证技术　为了确保车联网业务中消息来源的真实性、内容的完整性，并防止消息重放，中国 C-V2X 车联网系统采用数字证书通过数字签名/验签等密码技术对 V2X 业务消息进行保护。因此，需要车联网安全管理系统来实现证书颁发与撤销、终端安全信息收集、数据管理、异常分析等一系列功能。在此之前，车联网终端必须完成设备初始化，以安全的方式完成数字证书等敏感参数的初始配置。目前针对该问题，有两种解决方案：一种是车企自建证书管理体系，自己维护系统，确保系统的安全可靠；另一种则是基于通用认证机制（General Bootstrapping Architecture，GBA）的终端认证服务。对于安装 USIM 卡，支持 LTE-Uu 接口通信的 V2X 设备，可基于用户与运营商间的共享密钥 K 和蜂窝网基础认证及密钥协商能力简化设计，实现 CA 管理实体与 V2X 设备间的身份认证，并在两者之间建立初始信任关系，满足注册 CA（Enrollment CA，ECA）证书及其他证书初始申请、安全传输的需要。该方案能够使车载单元终端仅依靠自身安全硬件和网络 GBA 安全能力即可在线完成初始安全配置，避免了工厂复杂的密钥管理，降低了汽车企业生产线及管理系统安全改造的成本，提高了汽车工业自动化生产水平。未来该技术的演进还可为 5G 车联网的应用提供可靠的安

全保障。

（2）车联网高性能安全芯片技术　C-V2X车联网技术目前已确定采用通过数字签名/验签的方式对车联网消息进行保护。为了实现上述机制，车联网终端需要以芯片/硬件/固件安全为基础，以安全的方式生成随机数及密钥，实现密码运算，对密码公私钥对、数字证书等敏感参数进行安全存储。根据3GPP提供的业务模型估计，车联网终端设备的验签处理能力预计至少应达到2000次/s，这对安全芯片的处理性能提出了较高要求。除此之外，安全芯片应当符合车规级（适用于汽车电子元件的规格标准），满足测试标准。同时，在中国境内使用的安全芯片产品还应符合《中华人民共和国密码法》规定及要求，应支持采用SM2/SM3/SM4算法实现密码相关处理及运算。然而，同时满足支持国密算法以及车规级性能要求的高性能安全芯片国内尚无生产。因此，研究高性能安全芯片技术是当前车联网产业面临的主要挑战。

第 4 章 5G 如何赋能智慧交通

在第 2 章我们详细介绍了智慧交通系统的总体框架。与传统交通、智能交通相比，智慧交通框架体系更加灵活——通过把各技术体系进行封装，可以综合应用 5G、人工智能、大数据分析、云计算、BIM 建模、VR、高精度导航等技术提升现有系统效率，增加新的功能，拓宽系统边界，并与上层的各类数据服务层结合，提供各类智慧应用。

总体来讲，5G 技术的全面推广，对道路运输物联网大数据平台建设，或者监管大数据平台建设，都是非常大的支撑。本章将通过各类应用实例对 5G 以及相关技术赋能智慧交通的情况进行介绍。

4.1 智慧交管

"安全"和"畅通"是交通管理的两大永恒主题。创新的智慧交管方案，需要深度融合人、车、道路、事件等基础信息，消除数据孤岛，深入挖掘交通多维数据价值，形成事前有预警、事中有预案、事后有分析的交通管控闭环，配合交管部门打造安全、畅通、文明的交通管理工作新格局。智慧交管功能见表 4-1。

表 4-1　智慧交管功能

分类	功能项	功能描述
主动安全	智能执法	基于电警、卡口、视频数据后端二次解析，实现多种违法行为多维识别、全域感知 违法图片 AI 预审、涉驾人员精准打击
	数据智理	重点车辆管理、一车一档 事故分析预警、智能研判
智绘畅通	AI 交通态势研判	交通数据监测、交通报告 交通态势研判、交通预案
	精细化道路管控	流量监测、事件检测 可变车道、优先通行、智能诱导发布

智慧交管将从以下多个维度进行升级：

1）全面云化。以云化架构面向海量数据的接入及计算，根据车流量大小、早晚高峰、突发任务来灵活构建、自动配置后端资源，实现资源分配的弹性伸缩、定时调度，充分利用算力和存储，节省成本。

2）全栈智能。算法仓库和软件定义实现云、边、端的智能协同，前端设备支持智能分析，后端存储支持海量车辆图片存储，服务器支持各类交管数据的融合，全面适配智能，快速响应客户对不同场景的需求。

3）应用驱动。以应用为驱动，以实战为目标。围绕执法、车管建立模型并赋能；围绕驾驶人和驾驶行为进行安全监管和文明交通建设；围绕管理路口进行智能诱导、优先通行；围绕辖区进行流量分析、态势研判。效果体验释放平台技术架构优势、基础硬件性能优势和算法多样性优势。

4）开放解耦。充分利用在云计算、大数据、物联网等技术上的积累及先进的云化架构，应用、算法、设备、数据、服务全部开放、分层解耦，可提供一站式整体交付公安交管解决方案。

4.1.1　智慧交警，从汗水警务到智慧执法

随着城市规模不断扩张，道路长度不断增加，车辆保有量井喷，形成海量交

通大数据(包含人、车、路及视频、图片、交通流等各类数据)。传统非现场执法依赖前端抓拍疑似违法图片,后端人工审核处理,审核工作量大、效率低。电子警察作为交通管理中的重要部分,在规范行车人员正确的驾车意识、杜绝违章行为、打击被盗抢和违规车辆等方面具有非常重要的作用。

从系统整体的范畴出发,要将交通中的各要素综合考虑,做到人、路、车三者的有机结合,充分应用电子警察记录系统使交通监控真正实现"智能化",最大程度提高交通管理的效率,确保交通安全。

1. 新一代智慧交通管控平台

新一代智慧交通管控平台(见图4-1)以信息技术为主导,集情报研判、指挥调度、稽查布控、交通信息发布、违法智能分析、执勤执法监督、信号控制优化、特勤保卫、勤务管理于一体,应用大数据、云计算、人工智能、视频分析挖掘等技术进行信息互联、智能学习和深度挖掘,可实现交通信息资源整合与共享、快速研判决策与扁平化指挥调度,实现交通指挥可视化、管理数字化、信息共享化,提高交警部门的道路交通管理能力和服务水平。

新一代智慧交通管控平台可基于实时车辆数据和大数据研判,有效地捕获重点嫌疑车辆,并对其进行实时拦截和打击。对道路上出现的嫌疑人员(失驾、在逃、吸毒人员)实现预警,移动警务端接收到告警并及时出警,进行精准拦截,提高打击效率。

图4-1 新一代智慧交通管控平台

新一代智慧交通管控平台的功能如下:

1）可视化指挥调度。对警情信息、现场视频、治安要素、警力部署、处置过程等情况信息进行"一图展现",实现"情况掌握可视化";对全市警力资源进行跨地区、跨警种、跨层级的可视化、点对点的"一键调度",实现"警力调度扁平化",并以此为基础,对日常防控、警情处置、警卫安保等业务进行"一网支撑",实现"实战应用场景化"。

2）人、车、道路违法情况的精准打击。对交通参与者、车辆、道路交通进行精准管控。平台进行数据碰撞,基于类似涉毒、失驾驾驶人数据研判,最终以人找车,由车布控查人,锁定嫌疑车辆,通过卡口报警,追踪轨迹,精准打击。

3）可定制化的信息发布。平台规划发布计划事件（占道施工、交通管制）、线路诱导、到达点调度等三大功能。通过平台统一录入内容后向互联网导航公司推送既定策略,在高峰期及节假日实现预案式,分类分级的可视化、定制化实时诱导,实现车辆分流。平台拓宽了交通信息发布的通道,支持传统诱导屏发布,并针对交通管制、施工占道等计划性事情面向互联网导航（如高德、百度）用户进行发布。

4）多维度的情报研判。实现以过车、事故、重点车辆及违法、警情勤务为出发点,通过时间及空间的维度进行研判分析。

5）在网车辆分析。平台对辖区内实有车辆及运行状况、出行轨迹、常去地、落脚点进行管理分析,对车辆运行实行积分及红黄绿3色预警管理,对异常车辆实时比对报警。

6）重点车辆管理。平台从时间、地点、种类、事故情况、记分情况、所属企业、车辆核发地7个维度对大型公路客运、大型旅游客运、危化品运输车、重型货车进行监管,对违法嫌疑车辆及时拦截。

7）重点人员分析。平台对在逃、涉毒、失驾人员进行分析预警,及时预警,精准拦截,提高打击效率。

8）勤务管理。从勤务计划、排班、预案到针对部门、个人的考核评分及一警一档的勤务精细化管理。

9）丰富应用。提供违法检测管理、黄标车车辆管理、车辆二次分析、以图搜图、高空瞭望监控、交通信号控制、交通设备与设备管理、交通信息研判、融合指挥调度、车辆积分管理与预警、OD 分析、交通信息采集与诱导、警卫路线套牌车/翻牌车检测、违停车辆处置、限行检测等。

10）智能化运维。实现设备全生命周期管理，支持设备实时状态监控、多家厂商设备及平台接入、日志管理等。

2. 智慧路口

智慧路口是智慧城市建设的核心节点，是可以模拟人员操作的智能指挥交通控制系统，如图 4-2 所示。智慧路口需要具备感知、分析、执行 3 个层面的功能，并且最终形成闭环。通过交通大数据融合态势，研究人、车、路、环境的关系，跟踪实时数据，分析视频画像，判断目标个体活动意义，为分析交通提供精准性、全面性、多维性大数据。

智慧路口可进行异常人群、车辆、道路发现预警，车辆人群分布及轨迹分析，出行方针预测及矫正，出行渠道通知及疏导，为交通提供高效、一体的智慧策略。通过多维度信息数据融合及认知，为交管工作赋能，打造现代化智慧交通警务改革，使警务体系和智慧路口无缝衔接。

图 4-2 智慧路口

智慧路口的功能如下：

1）车辆定位及轨迹描绘。电子警察工作状态的后台运行过程全部由前端摄像机独立完成。智慧路口画面中的每一辆车都有一个框跟随，运行中的车辆目标框是绿色，停止状态的车辆目标框是红色，目标框上包含号牌信息，同时后面还以红线描绘了该车辆的运行轨迹，车辆一出现在画面中，车牌就被识别出来。

2）交通路口态势图获取。基于事先的场景标定，每一辆车在场景内的精确坐标都是可知的。通过路口范围内所有车辆的实时定位，对路口内的态势清楚掌握，适当增加监控摄像机的布设，实现路口上游一定范围内的车辆定位、轨迹的精确描绘，进而获取整个路口及相关道路的实时路况。

3）路口冲突预警及盲区提示。交通事故很大一部分是由交通资源冲突所致。智慧路口解决方案可以实时感知并判断车辆行驶态势，预测可能产生的冲突。对于交通盲区，可采取声、光、电等多种方式对驾驶人及行人进行提示，有效减少交通事故发生频率。

4）视频监控及信号系统关联。通过视频监控进行路口拖尾检测，直接从摄像机感知路口车道拥堵状况、信控配时状况。

3. 交通视频监控

通过在道路交叉口、交通拥堵点、事故多发点、城市制高点等部署高清监控设备，实现交通全天候监控和发现交通异常行为，及时处理疏导交通。常用的高清监控设备包括高清一体化道路监控摄像机、多光谱高空瞭望摄像机、警用无人机等智能前端设备。

交通视频监控的功能如下：

1）交通状况监视。通过实时采集的视频图像，管理人员可直观地了解和掌握交通状况，进而及时采取措施诱导交通流向，减少交通拥堵。

2）视频录像。采用视频存储系统将视频图像记录下来，为管理人员提供检索、查询、取证调用等功能。

3）人员违法抓拍。系统能够自动提取违法人员脸相，并可根据外部不同场景及光照变化自动调节抓拍系统，确保采集到清晰的人脸图片；支持后端管理人员对违法行为的手动控制抓拍，实现对所抓拍的违法图片的管理，可自动生成和打印违法通知单。

4）机动车鸣喇叭检测抓拍系统。机动车鸣喇叭检测抓拍系统根据高精度声呐定位设备和高清卡口抓拍系统，实时抓拍车辆违章鸣喇叭行为，可以有效遏制噪声污染，让城市更安静，让出行更安全。抓拍系统可将声音可视化，以声音云图的方式显示定位鸣喇叭车辆。图像、音频、视频全记录，消除执法争议。

5）违法信息告警显示。系统可以将经平台比对获取的违法人员信息，如人脸特征图片、身份证号码、姓名、违法类型等内容投放到路口的 LED 告警显示屏上，用于警示过往的行人和非机动车，如图 4-3 所示。

图 4-3　行人闯红灯自动抓拍系统

4. 汽车电子标识系统

汽车电子标识以及相关的电子行驶证、电子驾驶证、电子通行证为城市智慧交通奠定了数字化、智能化交通管理的基础，与传统的视频抓拍识别配合可更加准确高效地发现假套牌车辆。汽车电子标识系统可建立更加灵活有效的区域交通动态管制机制，实现区域内重点查控车辆的全过程记录回溯功能、拥堵区域收费管控功能、肇事逃逸车辆及驾驶人的追溯查证功能，丰富了交通违规违章处罚管理的数字化手段，提高了交管部门的动态调控水平，真正实现交通有"迹"可查，车辆有"证"可管。

汽车电子标识系统部署在设备网内，是交警实战应用平台，以射频和视频技术融合为基础，与原有电警系统和视频监控系统无缝对接，实现车辆身份精准识别、动态管控，是全方位、全时空、立体化的安全防控体系的基础，为跨地区、跨行业、跨部门、跨警种信息资源的共享利用提供了服务保障。

汽车电子标识系统的功能如下：

1）电子通行证管理。电子通行证管理可实现对车辆通行证申请业务受理和审批工作的电子化。通过识别电子车牌中的电子通行证信息，对车辆通行区域进行监控和预警。

2）"两客一危"重点监管车辆管理。提供物流、货运、客运行业的专属服务，实现对运输车辆基于位置信息的监管、调度、统计分析等管理功能。系统可实现重点车辆未按专用道、未按规定时段、脱线行驶及长期未使用通行证等情况的自动告警，提升源头监管能力。

3）出租车、网约车营运车辆管理。出租车、网约车的营运管理重点在于对黑车的查处打击、车辆规范运营的监管、车辆资源的合理调度等。

4）大型赛会活动车辆安保管理。大型赛会活动车辆安保模块是对应大型活动安保可移动、可拆卸式电子标识外场设备的中心软件模块。系统可以实现授权车辆出入门禁快速通行、问题车辆闯卡报警等功能，提高停车场门禁系统的快捷性和安全性。

5）区域限行管理。通过系统对安装电子车牌道路读写设备点位设置区域管理策略，并选择区域监控的一辆或多辆车辆，设定的管理区域可在 PGIS 地图显示，实现对监控车辆进出区域的实时告警，以便进行稽查布控。

6）交通信号优先管控。交通信号优先主要是对城市公交、特种车辆以及赛会车辆通过电子车牌进行身份识别，根据不同的车辆身份信息，向交通信号机发送不同类型信号，实现交通优先通行。

7）稽查布控。稽查布控主要包含车辆布控、专项布控及布控统计功能。

4.1.2 智慧导引——跟着我，跑得快

1. 交通诱导系统

交通诱导系统（Traffic Guidance System，TGS），或称为交通流诱导系统（Traffic Flow Guidance System，TFGS），也称为交通路线引导系统（Traffic Route Guidance System，TRGS），是基于计算机、网络和通信等现代技术，根据出行者的起点和终点，向道路使用者提供最优路径引导指令，或者通过获得实时交通信

息，帮助道路使用者找到一条从出发点到目的地的最优路径。

这种系统的特点是把人、车、路综合起来考虑，通过诱导道路使用者的出行行为来改善路面交通系统，防止交通阻塞的发生，减少车辆在道路上的逗留时间，并且最终实现交通流在路网中各个路段上的合理分配。图4-4所示为交通诱导指示牌。

图4-4 交通诱导指示牌

根据交通诱导信息的作用范围，交通诱导系统可以分为车内诱导系统和车外诱导系统。

1）车内诱导系统，也就是导航。实时交通信息在个人（车辆）和信息中心之间传输。这种诱导系统的诱导对象是单个车辆，也称车辆个体诱导系统。这类系统的诱导机理比较明确，容易达到诱导的目的。

2）在车外诱导系统中，交通诱导信息在车流检测器、信息中心和外场信息显示设备（交通信息板、交通诱导屏等）之间传输，诱导对象是车流群，也称群体车辆诱导系统。

一般所设计并实施的交通诱导系统就属于车外诱导系统。这种系统投资少，见效快，对群体车辆有较好的诱导作用。这种车外诱导系统又可分为城市交通诱导系统（包括城市街道诱导信息发布系统、城市停车诱导系统等）和公路交通诱导系统（包括高速公路交通诱导系统等）。

传统的交通诱导系统一般由交通信息控制中心、通信系统、交通诱导信息发布系统3部分组成，其组成原理如图4-5所示。

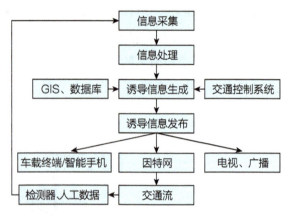

图 4-5 传统交通诱导系统组成原理

1）交通信息控制中心。交通信息控制中心负责从交通网络中收集各种实时的交通信息，并进行信息处理。通过交通信息采集单元，对系统所需原始数据进行采集，如道路现状、交通流量、交通流速、道路占有率等，并形成交通信息数据库，供诱导信息生成模块和 TGS 的其他子系统共同使用。交通信息采集单元的核心是信息检测器，主要种类有电感环检测器（环型感应线圈）、超声波检测器、红外检测器、雷达检测器、视频检测器等。

交通信息控制中心的另一个重要部分是信息处理与控制模块，主要完成本子系统的数据获取、数据处理、诱导方案制定、数据存储等功能。交通诱导信息处理与控制计算机设置在指挥中心和分中心大厅里的控制台上，对经过工作人员人工确认后的交通信息和指挥管理信息接收并进行处理，输入或发布信息（或指令），向车载终端、广播、电视和因特网发布交通诱导信息，设置交通信息板和交通诱导屏的显示参数等。

2）通信系统。通信系统负责信息控制中心与道路上车辆之间的数据交换。通常控制信息与诱导信息的传输，可以通过有线传输和无线传输两种方式来进行。对于有线 IP/RS232 通信方式，要求统筹考虑，采用复用光端机的方法，利用光纤将前端设备与交通指挥中心或分控中心连接起来。对于无线传输方式，无线通信支持移动终端或路口设备的无线数据网。

3）交通诱导信息发布系统。交通诱导信息发布主要是指通过车载终端、广播及电视、因特网、外场诱导显示设备（可变交通信息板和交通诱导显示屏）把交通诱导信息发布出去。

2. 传统交通诱导系统的智慧升级

智慧交通诱导系统（见图4-6）利用智能感知设备精确感知交通信息，根据交通道路情况对红绿灯相位进行动态配时，可提升路口通行效率。其支持独立路口部署以及协作部署；支持基于实时交通状况的绿波带自适应配置；支持对特勤车辆的精准路线规划和特殊通行策略；利用5G边缘计算、大数据促使交通信息进入精细粒度管理。

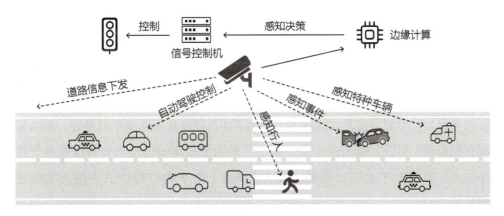

图4-6 智慧交通诱导系统

（1）智能弹性绿波带 通过在线实时的强大计算能力，智能调整绿波周期，实现从单点控制到全局优化的智能调度，从而保证车辆的最佳通行。

（2）高精准路线规划 根据特种车辆的应急任务路线、车辆实时位置与速度，智能调整路口信号控制方案，保障特种车辆的行驶路径一路畅通。

（3）人车路协同优化 基于无线通信、传感探测等技术进行车路信息获取，并通过车与车、车与路信息交互和共享，实现车辆和基础设施之间的智能协同与配合。

智慧交通诱导系统基于5G技术实现交通信号机、交通管控平台、车辆、交警信息实时共享和协同；基于边缘计算精确感知道路车辆、行人、交通事件，提升交通调度的安全性和高效性；基于机器学习的智能决策能力，针对不同时段的不同路况进行实时智能调整，确保车辆的最佳通行；基于大数据的分析预测能力，整合城市各道路综合数据，形成城市大脑，实现交通智能调度。

4.1.3 智慧停车

随着居民汽车保有量的快速增加，城市停车位缺口巨大，停车难已是普遍的城市病。为了解决停车难问题，智慧停车应运而生，目的是打破驾驶人和停车位之间的信息不对称，提高停车位利用率，降低人工管理成本，缓解交通拥堵。

当前智慧停车的建设在连接上还存在着两类问题：路内停车场景里的车位信息无法便捷、高效地被采集和传输到管理平台；对于大量的停车场库，信息孤岛问题仍然存在，数据很难被共享。当前路内停车场景中，地磁车检器使用的小无线技术因为需要额外安装中继网关，增加了项目建设和后期维护的难度，影响规模化的形成。另外，当前停车场"孤岛"的数据很难被连接到城市级统一管理平台上，造成有平台、无数据，城市级诱导、共享车位等价值应用无法快速落地。

NB–IoT（窄带物联网）具备低功耗的特点，车检器待机时间长（3~5年），覆盖距离远（信号能覆盖到地下一层），是智慧停车解决方案网络通信技术的最佳选择。相比于RF433、ZigBee等小无线技术，NB–IoT智慧停车解决方案利用运营商网络，具备如下优点：

1) 免自建网：无线车检器等设备连接到电信运营商公网，通过"一跳"的方式将数据传到管理云平台，即插即用。

2) 免自维护：相比于RF433、ZigBee小无线技术，NB–IoT智慧停车解决方案不需要中继网关，省去了安装和后期维护的成本；网络的覆盖质量和优化由电信运营商负责。

3) 高可靠：NB–IoT使用授权频谱，不易受到其他设备的干扰，通信质量稳定可靠。

NB-IoT 智慧停车解决方案可帮助停车场运营方减少收费流失，停车时长等信息得到了高效收集，有效堵住人工收费的漏洞；减少了停车人找车位造成的交通拥堵，车主可实时看到停车位信息，车位紧张或者无车位时，可快速导流到其他停车位或者附近停车场；减少了管理人员，从管理员人工收费变成自助缴费，收费人员变成了督查人员，减少了整个人工的数量。

4.2 智慧公共交通

2019 年 7 月，交通运输部发布《数字交通发展规划纲要》（以下简称《纲要》）。《纲要》指出，我国数字交通发展将构建数字化的采集体系，推动铁路、公路、水路领域的重点路段、航段，以及桥隧、互通枢纽、船闸等重要节点的交通感知网络覆盖。

未来，普通民众将更多地通过线上方式获得出行服务和信息《纲要》鼓励平台企业整合线上和线下资源，打造数字化出行助手，为旅客提供"门到门"的全程出行定制服务，推进车联网、5G、卫星通信信息网络等在定制公交、智能停车、智能公交、汽车维修、网络预约出租车、互联网租赁自行车、小微型客车分时租赁等城市出行服务新业态上的应用。

根据《纲要》确定的发展目标，到 2025 年，交通运输基础设施和运载装备全要素、全周期的数字化升级迈出新步伐，数字化采集体系和网络化传输体系基本形成。交通运输成为北斗导航的民用主行业，第五代移动通信（5G）等公网和新一代卫星通信系统初步实现行业应用。交通运输大数据应用水平大幅提升，出行信息服务全程覆盖，物流服务平台化和一体化进入新阶段，行业治理和公共服务能力显著提升。交通与汽车、电子、软件、通信、互联网服务等产业深度融合，新业态和新技术应用水平保持世界先进。

到 2035 年，交通基础设施完成全要素、全周期数字化，天地一体的交通控制网基本形成，按需获取的即时出行服务广泛应用。我国成为数字交通领域国际标准的主要制定者或参与者，数字交通产业整体竞争能力全球领先。

4.2.1 智慧公交，智慧伴身边

有限的道路资源与日益增长的人民出行需求的矛盾，是智慧交通需要解决的最重要的问题。为公交装上一颗智慧的大脑，充分发挥公交灵活多变的优势，可以提高公交出行分担率，最大程度提升资源利用效率，使出行变得更加安全有序、智能高效、服务优质、便捷畅通、绿色环保。

1. 构建基于 5G 的智慧公交大脑

目前，安全方面，我国主要城市的公交系统已成熟运用了 GPS 系统及 4G 视频监控系统，对车辆运行轨迹、运行速度、驾驶人状态及操作行为进行实时监控预警；营运方面，公交已运用了智能调度系统，对车辆实际运行情况及班次间隔进行实时观测，并对车辆实际运营距离进行统计；机务方面，CAN（Controller Area Network，控制器局域网络）总线系统可对车辆气耗、油耗、电耗等方面进行监测；数据统计分析方面，公交已运用了 ERP（Enterprise Resource Planning，企业资源计划）系统及大数据分析平台，对目前公交营运过程中产生的数据进行人工录入，统计分析。

然而，由于各个系统数据采集终端不一致，功能单一，因此数据关联性及综合性融合能力较差。同时，数据采集时效性滞后，导致大数据分析平台无法投入现场实际运用，指导现场营运生产。

为解决以上问题，5G 技术提供了可行的方法——建立以 5G 技术为核心的智慧公交大脑。利用智能视频预警、站台客流量监测、车厢满载率预警、行车违章监控等信息化技术加强车辆安全动态监管，同时规范驾驶人操作技术，提高驾驶人主动安全意识，有效预防事故，为集中运营调度及出行即服务做好基础安全保障措施，对乘客做到出行即服务，对驾驶人做到出车即监管。

结合 5G 发展建设，综合运用各类安全预警系统、车路协同系统、实时客流量监测系统、动态客流 OD（Origin–Destination，起讫点）预测系统、CAN 总线系统、Maas（Mobility as a Service，出行即服务）服务系统等信息化系统，构建集安全、运营、机务及服务于一体的智慧公交大脑，同时更新车载智能化设施设

备，对可量化的数据均使用系统自动采集，确保数据的直接性、真实性、及时性、完整性及准确性，加强大数据横向关联性及综合性分析。

以车辆为基础信息采集单元，全面感知路、站、客、天气及其他交通工具等城市综合信息，利用 ADAS 对静态、动态物体进行辨识、侦测，并结合 GIS（Geographic Information System，地理信息系统）地图数据，进行系统的运算与分析，预测拥堵时间，结合车厢内满载率、站台滞留乘客信息及乘客发布的需求信息，规划最佳路线，自组织线路运营；同时，有效排查运行中的安全隐患，加强运行过程中"人、车、线、站、客"的风险管控，预先让驾驶人察觉到可能发生的危险，有效提升运营的安全系数及服务质量。

建立与 ADAS 信息互通及反馈的智慧公交指挥大脑，对系统故障及应急突发事件进行及时响应。以车联网为通信管理平台，实现人与车协同、车与车协同、车与路协同，信息实时交互，依托车载 ADAS 系统自组织营运生产，实现智慧公交应急指挥大脑构建。

2. 5G+车联网的智慧公交应用实例

作为全国首个 5G/C－V2X 商用案例、全球首个 5G 智能网联公交商用案例，厦门 5G BRT 智能网联车路协同系统项目成功推出了智能车速策略、实时车路协同等充分体现 5G 大带宽、低时延等特性的典型应用，其技术业务模式可复制、可推广，未来可为更多的营运车辆、特种车辆甚至社会车辆提供丰富的智能网联服务。

2018 年 6 月，厦门市交通运输局与大唐移动通信设备有限公司达成战略合作，双方将共同推动厦门 5G 智慧交通应用发展，同年 9 月联合厦门公交集团、中国联通集团共同发布了国内首个面向 5G 的城市级智能网联应用，即厦门 5G BRT（Bus Rapid Transit，快速公交系统）智能网联车路协同系统。

厦门 BRT 运行在专有道路上，其行驶路线除少数社会路口外基本处于封闭状态，天然适合车联网应用的部署。项目启动阶段对两辆 BRT 公交车进行了 5G 智能网联升级改造，以实现车与车、车与路、车与云实时通信。通过部署激光雷达、高清摄像头、RSU 以及 5G 边缘计算服务器等设备建设 5 个智慧路口，依托

5G 网络低时延、大带宽等特性推出了超视距防碰撞、实时车路协同、智能车速策略以及安全精准停靠 4 大业务应用。

截至 2019 年 11 月,两辆 BRT 公交车已完成 6000km 以上的应用测试,通行效率、节约能耗等方面的测试结果均顺利通过了评审,并将交付规模增加至 50 辆 BRT 公交车,使得该项目成为国内第一个经过成熟商业模式验证的智能网联商用汽车项目。BRT 智能网联公交车和智能网联监测设备如图 4-7 和图 4-8 所示。

图 4-7　BRT 智能网联公交车　　　　图 4-8　智能网联监测设备

4.2.2　共享单车,"新四大发明"

共享单车被誉为中国的"新四大发明"之一。虽然其发展经历了一些坎坷,但究其原因,只是商业模式的问题,其存在大大增加了城市居民出行的便利性。随着共享经济的发展,共享单车系统也在不断升级和完善,其目的除了为城市发展提供重要助力,在交通出行上改善城市市容市貌之外,同时亦是社会责任的体现,为市民的出行提供更便捷环保的方式,减少出行对环境所产生的影响,在实际意义上做到服务社会大众。

1. 基于 NB-IoT 的智能锁

当前共享单车行业普遍使用的是基于 GPRS 网络制式的智能锁。GPRS 网络覆盖能力有限,导致此类智能锁的用户使用体验差,如时延长,在某些网络覆盖差的地方开锁时间高达 5~10s,结单响应时间高达 25s,客户体验差。另外,GPRS 模组功耗高,电池待机时间短至两个月,若要维护较长的电池使用周期,需要采用人力或太阳能发电，维护单车成本高。

基于 NB‐IoT 的共享单车智能锁（见图 4‐9）解决方案有着更低的功耗、更好的覆盖、更低的时延。与 GPRS 相比，覆盖增益达 20dB，覆盖无死角，可保证用户任何地方（如地下停车场）都能正常开锁；低时延可确保用户良好的体验，NB‐IoT 智能锁从关锁到收到新派密码的时间约为 2s，相较 GPRS 锁的 6.81s，时间大大缩短。

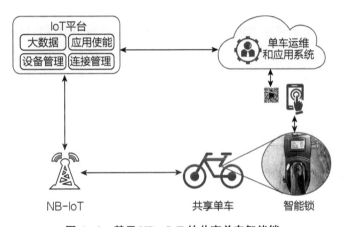

图 4‐9　基于 NB‐IoT 的共享单车智能锁

基于 NB‐IoT 的共享单车智能锁解决方案解决了功耗高、电池使用寿命短的问题，按照每车每天开锁 10 次计算，电池使用寿命可以达到两三年，可以支撑整辆单车的使用生命周期。另外，NB‐IoT 的芯片、模组成本低，并且单车不需要额外的充电装置，拉低了整车成本。

此外，IoT 平台可使单车智能化精细运维：

1）通过共享单车智能锁 SIM 卡的全生命周期管理，可有效监管单车连接状态，确保高效监管单车，如统一激活新注册单车、挂起故障单车群、结束丢失单车。

2）通过 SIM 卡的经营分析，支持智能监管单车，如用量 Top 排行、Top 群组统计、总用量趋势、地区及时段用量趋势、数据连接事件、位置变化。

3）通过 IoT 平台的 FOTA 功能，可实现智能锁的高效远程固件升级，增强运维能力和端到端故障定位能力，可协助高效定位故障，助力运维。

2. 基于 NB–IoT 的车辆追踪

共享单车行业一直存在随意停放、丢车、弃车等不良行为，因此设备极易受损，成本呈指数级上升。如果共享单车能全面实装物联网系统，自然能有效抑制问题的发生，但是共享单车受使用场景多样化的影响，普通网络无法满足使用环境，如何提升车辆通信覆盖度和稳定性一直都是业内关注的重点。现如今，得益于 NB 技术更广的网络覆盖率和更稳定的接收灵敏度，搭载 NB 模组的单车可以让同一基站覆盖更多单车通信，甚至能找回此前处于城市通信盲区的失联车辆。

2020 年 5 月，工信部发布《工业和信息化部办公厅关于深入推进移动物联网全面发展的通知》，特别强调移动物联网是新基建的重要组成部分，并就 NB–IoT 的发展提出了明确的近期目标。

基于 NB–IoT 的单车已在北京多地完成路面运营测试。根据统计，搭载新技术的车辆开锁成功率提升近 40%，运营区内车辆连接率几乎达到 100%。可以看出，通过 NB–IoT 技术的加持，可以有效减少共享单车失联情况，提升车辆管理效率，保障车辆信息互联互通。

3. 基于北斗高精度的定位

2020 年 6 月 23 日，我国北斗三号最后一颗全球组网卫星发射成功，北斗三号网络建设全面完成。与 GPS 等其他 GNSS 技术相比，北斗导航定位覆盖范围更大且定位盲区小，采用北斗实现高精度定位，对于共享出行领域具有里程碑的意义。

1）利用北斗的高精度导航，结合虚拟电子围栏和蓝牙道钉技术，可以引导用户规范停车，精度可以做到 10cm 级。整车都停在泊位外，或者车头、车尾露出白线框外，都无法完成正常还车，很好地解决了共享单车停车不规范的问题，有效维护路面良好秩序。

2）智能单车的智能锁内预装北斗定位装置，智能锁接收北斗卫星信号，向数据中心发送车辆定位信息。有了北斗技术加持，运维人员可以通过后台实时了解路面车辆动态信息，对交通潮汐、骑行热点、车辆堆积、单车私占等情况能够有效控制。

4.2.3 网约车让资源分配更智慧

以 4G、5G 为代表的移动互联技术的发展拓展了交通出行的方式、模式和新业态层,这是最近交通发展非常显著的变化。新业态的出现使交通供给能力大大提升,例如,网约车、共享汽车、共享单车等定制客运给人们的出行带来了便捷性,更好地满足了个性化的出行需求,改变了人们的出行观念,丰富了出行方式,补足了公共交通。

随着网约车的出现,个性化定制交通与人们的出行变得密不可分。易观 2019 年网约车市场分析报告显示,2018 年移动出行整体市场交易规模达 3112.77 亿元,其中,专快车领域占比最高,达 71.48%。2015—2018 年整体市场保持快速增长,平均复合年增长率达 50.01%。

《交通强国建设纲要》中也提到,要加速新业态新模式发展,大力发展共享交通,打造基于移动智能终端技术的服务系统,实现出行即服务。网约车的核心是整个出租车行业的升级,互联网技术可以让服务全流程可控,让服务更加规范和个性化。

自 2018 年 9 月滴滴首推安全功能后,各大网约车平台都已上线安全措施。例如提供紧急联系人,可自动分享行程或 110 报警,对方可接收行程信息,进行实时位置保护,另外还有行程录音保护,行程中车主端会开启录音并加密上传。而且互联网与新科技带来的出行便利,做到了实时路费明晰与路线监控,如此消费明白、有据可查,也为网约车安全出行提供了保障。

此外,网约车平台提供运力的热力图,会实时显示附近区域的用车需求,并根据用车大数据出台一些奖励措施调度运力,平衡供需。

4.3 智慧轨道交通

智慧轨道交通广泛应用 5G、云计算、物联网、大数据、人工智能、北斗卫星导航、BIM 等新技术,通过对铁路、地铁移动装备、固定基础设施及相关内外部环境信息的全面感知、广泛互联、融合处理、主动学习、科学决策,高效综合利用铁路所有空间、时间、人力等资源,实现轨道交通建设、运输全过程,全生命周期的高度信息化、自动化、智能化,打造更加安全可靠、经济高效、温馨舒适、方便快捷、智能环保的新一代轨道交通运输系统。

4.3.1 智慧高铁,不止于快

铁路对网络体系结构的要求与公共移动通信网有诸多不同。首先,铁路网络体系结构是连接各级调度中心的专用通信传输网,这确保了所有要素通过不同的信息模式相互作用,如列车驾驶人与调度中心之间的语音通话、列车运行控制数据和智能铁路基础设施的视频监控数据。此外,铁路通信网努力建立的是一个综合可靠的应急指挥系统,在紧急情况下(如自然灾害或交通事故)将实时现场信息作为决策依据。列车运行控制的具体性能要求体现在业务可靠、设备专用、传输及时等方面。

1. 5G 为高铁护航

5G-R 作为未来智慧高铁的通信核心,面临的最大挑战是如何确保列车运行的安全性和可靠性,以及与现有操作管理系统的兼容性。因此,为了保护现有的基础设施投资,并确保演进过程中的正常运营,多种轨道交通系统的长期共存是毫无疑问的。换言之,5G-R 会随着传统网络的发展,保持向后兼容性和平滑过渡。从通信角度看,5G-R 网络体系结构的设计主要考虑 3 个部分。

(1)即时通信 随着全球范围高速铁路运输吞吐量及列车速度的快速增长,铁路系统需要高质量的通信以控制和发送列车信号,进行乘客和列车运行(如预测性维护)的即时通信;也有列车安全距离、铁路线路可用流量变换、车流空间、关键的信号发送,以及低延迟、可靠性和机动性、高机动性情况的高铁与基站频繁通信等的要求。现有的通信系统提供这些服务的能力尚弱,因此需要 5G 系统来取代旧的 GSM-R、LTE-R 和铁路信号专用系统。

(2)海量通信 为了确保高速铁路能够显著改善其服务,需要新的数据驱动信息和通信解决方案。这些解决方案将能够监控、分析和开发整个铁路系统的能源和资产信息，例如电网、车站、机车车辆和基础设施。然而，要监测和管理海量数据，目前的技术已经难以支撑，而 5G 提供了相应的机会。

（3）可靠通信　可靠通信对于列车的安全至关重要。建立安全、超可靠（每 100000000 ms 丢包小于 1 个）和低延迟（1ms）通信，能够保证列车控制的可靠性。5G 使得列车和铁路基础设施传感器数据可以更快地传输，如支持目标识别、地理定位、列车间通信、列车技术数据传输。

2. 智慧高铁建设新方案与挑战

5G 网络将为智慧高铁保驾护航，但在未来的铁路场景中，要成功部署 5G 网络和服务，还有许多挑战。本节将介绍一些关键的新技术组件和解决方案，以应对未来智慧高铁的挑战和要求。

（1）智慧高铁 D2D 通信　基站和列车之间的无线链路发生故障时，运营商可以将直接 D2D 通信视为应急通信工具，还可以提供车厢内基础设施故障报警和监控机制。这种 D2D 通信将覆盖范围扩展到传统基础设施，是 5G 整体无线接入解决方案的一个很好的补充。

（2）智慧高铁空地一体化网络　建设高铁空地一体化网络，在 5G‐R 场景中联合使用地面、空中平台会带来诸多优势。例如，它可以为数据提供高效的端到端的传输服务，如广域智慧高铁网检测数据、预警信息和超远程决策。

然而，实现空中、空间、列车和地面环境下的综合信息传输和处理对 5G‐R 来说是一个挑战。首先，应该建立一个高数据速率的无线连接，以支持空地一体化网络产生的大量数据。其次，动力有限的空中平台不能在强风雨等恶劣条件下使用。为了解决这些问题，设计者需要在统一的控制下提供一个高效的数据分发和资源共享方案。

（3）智慧高铁物联网　除了实时查询和跟踪整个列车的轨迹和货物位置外，高铁物联网还可以在 5G‐R 网络中开发，以集成铁路基础设施的传感信息，包括桥梁、高架桥、隧道、泄漏馈线、钢轨间隙、冻土和边坡防护。这可以通过安装各种传感器来实现，如红外传感器、声音传感器和温度传感器。

近年来，物联网技术逐渐受到各国铁路部门、行业和研究机构的重视。发展高铁物联网，构建基于物联网的铁路安全信息保障体系，是铁路信息化与产业化深度融合的重要方向。

对于物联网中的移动通信问题，在高移动性的情况下，从大量设备中进行多址接入的研究有待进一步探索。同样，铁路无线网络资源管理机制的评价与优化机制也有待进一步研究。同时，设计人员还需要开发建设铁路设备设施安全监控闭环管理系统，实时采集移动设备和固定设施的信息，分析配置情况，确保安全运行。此外，还需要建立自然灾害（如风、雨、雪、地震）和异物侵入的监测系统，以实时监测铁路运营安全。

（4）智慧高铁安全　5G-R 系统的运营商应该能够安全地收集信息，以通过数据分析提高用户服务体验。安全性一直是运营商为用户提供的基本保障之一，尤其是对运营控制系统的培训。5G-R 可支持广泛的应用，从基于人的通信到基于机器的通信。因此，相应的技术应该能够处理大量需要保护的敏感数据，防止未经授权的访问、使用、中断、修改、攻击等。提供一套全面的功能来保证高级别的安全性是 5G-R 系统的核心要求。5G-R 应支持包含节点到节点安全在内的安全体系，保护用户的数据，防止或减轻任何可能的网络安全攻击。

另一方面，运营商应保护铁路通信和信号免受电磁攻击，识别易受攻击的场景和设备。同样，研究人员和开发人员应该对攻击场景进行风险分析，提出应对措施，开发检测电磁攻击的解决方案，并设计正确的体系结构以抵御此类攻击。

（5）智慧高铁的人工智能　近年来，人工智能已经在计算机领域得到了广泛的应用，尤其是在计算机视觉、自然语言处理、自动语音识别和无线通信方面取得了巨大成功。未来智慧高铁将人工智能视为 5G-R 网络的一个重要方向。人工智能将使网络能够处理大量数据，动态识别和适应复杂场景，满足高速、实时信号处理能力的要求。系统应考虑铁路场景的特殊性并遵循严格的指标，采用专门的 5G-R 通信人工智能架构。

（6）智慧高铁移动边缘计算　在高铁场景下，列车的高速运行面临着信道的时变性和可用带宽的急剧减少。智慧高铁的新应用，如列车自动驾驶、高速铁路网络实时管理、实时高清视频监控等，都需要更强的计算能力和更低的处理延迟。

移动边缘计算（MEC）被认为是 5G 通信中新兴的关键技术，它将云计算的能力扩展到网络的边缘，可降低列车与基站之间的带宽需求。智能轨道 MEC 包括车载 MEC 和轨旁 MEC。车载 MEC 存储和处理列车运行期间产生的高速率数据（如高清视频监控数据、列车传感器数据），处理后的结果需要较小的数据速率，反馈给轨旁 MEC 并与之共享。轨旁 MEC 对轨旁传感器的数据进行分析处理，接收车载 MEC 的数据，并与云计算节点共享处理后的数据。随着 MEC 的部署，智能轨道数据处理将变得实时高效。

3. 智慧高铁框架

智慧高铁是一项复杂的信息物理系统工程，需做好顶层设计以确定建设和发展的实施路径。智慧高铁绝不是先进智慧技术与控制技术在高速铁路各专业独立应用的简单叠加，而是通过不同业务领域、面向高铁生命周期不同阶段信息系统的集成融合，从而形成功能更强、效率更高、稳定性更好的统一智慧高铁系统。智慧高铁系统的规划和建设需要一个较长的过程，同时它也必须是一个可持续发展的系统，因此构建系统时需对系统的服务对象、用户需求、功能定位、逻辑结构、物理部署等有较全面的考虑和规划，还要做到各子系统间、子系统与整体间的协调。

我国的智慧高铁按照"一平台、多应用"的模式规划和建设。智慧高铁大脑即为智慧高铁的统一基础平台，为智慧高铁提供平台、数据、计算能力，在智慧高铁大脑平台的基础上扩展建设各专业领域的应用系统。基于互联网、铁路物联网、信息物理系统和新一代铁路无线通信系统，构建铁路智联网作为信息感知端，感知到的数据传入智慧高铁大脑进行统一治理、加工、计算，最终为智能建造、智能装备、智能运营等领域的智能应用提供决策支持。智慧高铁大脑平台的系统构成主要包括 3 部分，即基础服务平台、大数据资源池、智能计算技术。

1）基础服务平台为智慧高铁提供平台和技术支撑能力，主要包括大数据平台、GIS 平台、BIM 平台、AI 平台、北斗平台等。

2）大数据资源池是智慧高铁智慧产生的源泉，一切智慧及决策皆来源于数据。通过对采集到的铁路内外部相关数据进行智能分析和处理，可分析、识别出隐含的有意义的信息，从而获取对事物状态及发展趋势的更深刻的认识，为决策判断提供科学依据。大数据资源池基于铁路智联网全面整合智慧高铁战略决策、运输生产、经营开发、资源管理、建设管理、综合协同、社会数据等领域的信息资源。

3）智能计算技术集成智慧高铁所需的人工智能技术，将数据资源层的各类数据转化为知识，并快速准确地提供报表、仪表盘、3D等可视化方式进行全局展示，辅助智慧高铁业务经营决策。智能计算技术主要包括深度学习、文本分析、图像分析、知识图谱等通用人工智能技术，此外还包括人员画像、设备画像等行业专用技术。

4. 智慧高铁正在实现——京张高铁

京张高铁是中国智慧铁路最新成果的首次集成化应用，在列车自动驾驶、智能调度指挥、故障智能诊断、建筑信息模型、北斗卫星导航、生物特征识别等方面取得了重大突破，实现了智慧建造、智慧装备和智慧运营。

京张高铁的智慧体现在以下方面：

1）在工程建设方面，全球首次全线采用BIM技术。

2）在动车组方面，以现有"复兴号"为基础，可实现350km/h的自动驾驶，可实现车站自动发车、区间自动运行、车站精准自动对标停车、自动开门防护等；通过安装数千个传感器，像带着随车医生一样，可随时自体检，保障运行安全。

3）在指挥调度方面，构建基于人工智能的高速铁路智能调度指挥系统，可实现智能动态调度、智能协同控制、智能换乘调度、智能故障诊断等功能。

4）在旅客服务方面，实现一证通行、刷脸进站；运用5G技术实现列车上奥运赛事的直播；设有客运智能服务机器人，不仅可以实现站内导航，查询列车到发时间，还可以为旅客运输行李（可以运输100kg的行李）。

5）在车站方面，提供智能引导、自助服务设施，实现基于非法侵入识别、人流聚集与扩散异常检测、环境监测与调节的车站运营智能感知。

6）在自然灾害防护方面，京张高铁动车组可以抵抗-40℃严寒，能够对风级、雨量、雪深等自然环境自动监测与报警，实现快速应急处置。

4.3.2 智慧地铁+城铁，让绿色出行更智能

2020年3月12日，《中国城市轨道交通智慧城轨发展纲要》正式发布实施。在交通强国建设进程中，智慧城轨建设将成为主要战场之一。城轨行业以"交通强国，城轨担当"的强烈使命感，在智慧城轨建设战略突破口充分发挥着引领作用。新基建热浪之下，大力发展城市公共交通智能化成为共识，智慧城轨全面升级重构正当其时。

截至2020年年底，我国轨道交通批复的城市达到50座，运营里程超过6000km的规模，轨道交通市场步入黄金发展期，在5G、AI、IoT等新技术驱动之下，基于大数据、人工智能、人脸识别、视频应用、融合通信等的创新型解决方案得到了广泛应用，行业发展值得期待。此外，国家正强力推动"一带一路"倡议实施，"一带一路"沿线及辐射区域的互联互通工程建设将为我国轨道交通装备制造业带来可观的市场需求。

轨道交通的智慧化，是促进轨道交通与城市发展有机结合的有力抓手，对于实现城市的可持续发展具有非常重要的意义。本节，我们将以北京地铁为例，介绍我国智慧地铁、城铁的发展。

北京"智慧地铁"致力于打造面向乘客、面向服务的智慧地铁，有助于加强轨道交通技术创新引领，进一步提升北京轨道交通行业服务管理水平，实现北京轨道交通高质量发展，推进智慧轨道交通产业布局。

经过50余年的发展，截至2018年年底，北京轨道交通已建成线路22条，运营里程636.8km。工作日日均客运量超过1000万人次，客流量全国排名第一，高峰在线车组720列，走行1.76×10^6km，承担每日公共交通50%以上的乘客出行任务，成为市民出行首选的公共交通方式。

北京地铁的发展基于智慧轨道交通系统，对体系中各种要素（人、车辆、设备设施、环境等）进行全面感知、泛在互联，利用人工智能、物联网、大数据、云计算、移动终端、社交网络等新一代信息技术，建设具有一定自组织能力、判

断能力、创新能力、持续进化的先进轨道交通，致力于打造倚"脸"出行、依"人"运营、以"云"支撑、一"脑"决策的首都"智慧化名片"，使北京轨道交通成为国际一流、国内领先的智慧轨道交通。

北京地铁打造基于多系统融合的全出行链智慧乘客服务、基于多维感知的智能车辆/设备运行、基于物联网技术的多专业综合精准智能车辆/设备维护、以项目管理为核心的智慧建设、涵盖列控系统及车辆装备的智慧制造的5类智慧地铁应用体系，建设覆盖指挥中心、新建线、在建线、既有线改造的4类智慧地铁示范工程，构建轨道交通行业数据中心、行业云平台、基础承载网3类智慧地铁基础平台，最终形成涵盖应用、基础支撑、信息安全等方面的一套智慧地铁标准体系。

"魔窗系统"（见图4-10）是由北京地铁联合交控科技股份有限公司等单位共同研发的"首都智慧地铁"科研项目成果——智能列车乘客服务系统，目前正处于试验阶段。"魔窗系统"OLED屏幕贯穿了列车的通道上方、车门上方以及中间窗位置。列车起步后"魔窗系统"将显示列车当前位置、线网图、前方车站三维示意图以及车站服务设施所在位置等内容，为乘坐地铁的乘客提供更加便捷的服务。

图4-10 北京地铁"魔窗系统"

列车还可以实时采集车内满载率、温度、湿度、空气等信息，与其他列车运行数据一并上传运营监控云平台，为舒适度改善、运营管理提供数字化依据。同时，利用感知摄像头，运用先进图像识别和智能分析技术，列车可以对前方构成危险的障碍物、人员实现自动报警、提示降速。另外,列车回库后,将连接库内WIFI上传运维数据,为设备维护、故障预测提供有力支撑。

4.4 智慧航空,给智慧插上翅膀

随着5G、AI、物联网、大数据等新技术的不断成熟,交通行业迎来数字化转型的快速发展期,航空业的数字化水平从"高速"增长向"高质"增长转变。

智慧机场开始使用便民服务的刷脸登机、无感通关、智能机器人停车系统、RFID行李全流程跟踪系统、机器人问询自助终端,这些都极大地提升了登机服务体验;机场运维管理的智能旅客安检系统、基础设施监控管理解决方案、TopSky-ATC空管系统、停车楼智能停车系统等,可帮助机场提高运营效率,实时监测并预警可能发生的特殊情况。典型的智慧航空平台示意图如图4-11所示。

图 4-11 典型的智慧航空平台示意图

4.4.1 大兴机场——智慧机场新标杆

北京大兴国际机场(以下简称大兴机场)已于2019年9月25日正式启用。东方航空、北京联通和华为在大兴国际机场率先发布了基于5G的智慧出行集成服务系统。这是5G在民航领域应用孵化的样板试点,综合运用"5G+AI"科技,为旅客带来智慧出行新体验。

大兴机场采用基于室内数字系统的5G LampSite完成航站楼5G网络全覆盖,

实测速率超过 1.2 Gbit/s。基于 5G 网络的千兆带宽能力，大兴机场的旅客可以流畅享用高清视频在线播放或快速下载、云 VR 和云游戏等高速 MBB 业务体验。大兴机场作为基于 5G 的智慧出行集成服务系统，围绕"一张脸走遍机场""一张网智能体验""一颗芯行李管控"3 个维度，构筑立体化的智慧出行服务。

1. 智能化安检

传统安检模式下，即使旅客使用电子登机牌，也要打开手机让安检工作人员确认查验，而大兴机场的智能旅客安检系统直接连通机场离港系统，旅客只要最开始通过闸机时刷一下证件，系统就能自动调取旅客信息，无须出示登机牌。此外，双门闸机加上人脸识别也可以防止漏检或其他旅客尾随。

智能旅客安检系统的研发就是为了减少安检环节对旅客的干扰，实现快速安检，同时它也是机场实现无纸化最前端、最核心的系统。旅客自助刷身份证，只用通过一台双门自助验证闸机，人脸识别机器就能自动完成人证比对，确保进入闸机的是旅客本人。旅客从值机、安检到登机的全部流程均能靠一张身份证搞定，无须纸质登机牌，轻松实现无纸化出行，如图 4-12 所示。

图 4-12 大兴机场的无纸化登机

在传统机场安检环节，旅客要通过一道金属门，之后还要经历"搜身"一样的人工手检。大兴机场率先应用"毫米波门"，不用安检员"搜身"，旅客通过一个"安全门"，只需 2s，携带的任何违禁物品都将无处遁形，如图 4-13 所示。

图 4-13　毫米波门

旅客进门后，设备将向人体发射毫米波，利用毫米波全息成像的原理测量从人体反射回来的毫米波，从而识别人身上携带的物品。传统手检时间较长，"毫米波门"只需旅客停留 2s，便能查验出携带的违禁品，这种无感式的查验方式更加人性化，也更加全面和高效。

相比 X 射线人体检查技术，毫米波没有致电离性，对人体没有伤害，是未来国际上主流的人体安检技术。同时，旅客也不用担心隐私问题，因为该机器是利用人工智能进行判图，工作人员看到的只是在人体相应部位将嫌疑物品标注出来的人偶图像。

此外，大兴机场的托运安检设备全部采用在线式运行模式，行李从托运、安检到开包、复检等全流程自动传输，不需要人工搬运，提高了效率，降低了工作强度，使安检不再成为业务瓶颈。

2. 个性化导航

对于像大兴机场这样庞大的交通枢纽来说，室内定位的需求极为迫切，尤其是针对行李托运。传统机场中行李的托运监管一般是通过值机柜台记录，然后通过行李拖车送至飞机最终抵达目的地机场的行李传送处，等待旅客领取。这个过程中，行李具体的位置和信息很难查询，存在很多盲区，这就容易导致行李错运、丢失并且难以寻回。

大兴机场在首期建设中采用了 UWB（超宽带）高精度室内定位系统，属于国内首例。UWB 作为一种新兴室内定位技术，能够利用定位标签向定位基站发射脉冲信号，从而进行精确的室内定位。新技术的启用将使得大兴机场未来能够对室内的人员和车辆进行可视化监控和管理，为每个旅客提供量身定制的导航和服务。

在大兴机场，从行李托运开始就实现行李踪迹的实时共享和精准定位。简而言之，大兴机场每辆行李车上都将配备一个北斗导航定位设备。这样一来，行李车在运转时的实时定位就能准确掌握。在新机场几万平方米的分拣大厅中将有 400 多辆行李车，在繁忙的运转过程中北斗技术可以帮助这些车辆更有序、更高效地运行。自动化行李托运追踪如图 4-14 所示。

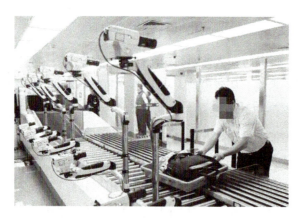

图 4-14　自动化行李托运追踪

行李分拣大厅作为机场中应用室内定位的主要场景，布满了完全自动化的行李传送带，内部信号遮挡非常严重，而 UWB 的抗干扰性和穿透性较强，特别适合环境复杂和遮挡严重的场景。大兴机场的 UWB 室内定位有 30cm 左右的定位精度，完全能够满足精准监测的需求。与此同时，该系统还会配合每件行李上的编码，实现对每件行李位置的实时掌握、有迹可循，能让行李分拣更高效，让旅客更快拿到自己的行李，也可大大减少行李丢失的情况。

4.4.2　"一张脸、一张图、一张网"——深圳机场的智慧平台

深圳机场在智慧机场建设中，从"打基础、建平台、补短板"开始，将平

台建设作为数字化转型的核心和关键。基于"平台+生态"的理念构建"未来机场数字化平台",以 ICT 基础设施为基础,通过数字平台整合 IoT、大数据+AI、视频云、GIS 和融合通信(ICP)5 大资源,并联合合作伙伴构建平台生态系统。通过数字平台,数字化机场各种物理资源,构建智慧机场基础;平台化机场数据、视频等数字资源,实现业务共享协同;智能化机场业务,畅通航班流、旅客流和行李流,助力机场客户构筑安全、高效的机场,提供卓越体验的机场服务。

深圳机场在新 ICT 基础设施之上,围绕"运控、安全、服务"3 大业务领域,构建"机场运行一张图""机场安全一张网"和"机场出行一张脸"场景化解决方案。在机场运控领域,以智能运营中心(Intelligent Operation Center,IOC)为牵引,实时监测航班、旅客、行李、货邮、交通 5 大业务流,预测预警、协同运行和智能决策;在机场安防领域,以安保控制中心(Security Operation Center,SOC)为牵引,实现各安防系统集成和共享,建立立体化安防、一体化消防、自动化安全飞行区;在机场服务领域,畅通旅客流,以单一生物识别标识(OneID)为牵引,实现全流程自助、无感体验,提高自助和个性化商旅服务。

1. 出行一张脸

以旅客流为核心构建"出行一张脸",让机场成为家的延伸。基于数字平台,融合 AI、大数据和视频云技术,"出行一张脸"解决方案为旅客提供机场出行"全流程、全环节"服务,如刷脸值机、刷脸托运、刷脸预安检、刷脸安检、智慧航显、高舱精准服务、催促登机和刷脸登机。旅客服务向个性化升级、商业服务转型,变革了出行模式,进一步改善了出行体验。

旅客在机场的每一个环节都用人脸作为唯一标识,实现无感畅行机场,如图 4-15 所示。其背后是 8 个子业务系统的流程打通,而最具挑战的是 8 个子业务系统的数据异构以及对人脸识别算法的要求不统一。数字平台通过数据融合可解决以上问题,支撑 8 个子业务系统的应用开发,使用通用的视频能力,满足不同业务子系统对人脸算法的要求。

图4-15 深圳机场基于OneID的无感畅行

面向未来,基于数字平台,智慧机场可构建完整的旅客画像,提供商务、购物等全方位差异化服务,进一步提升旅客满意度。

2. 运行一张图

以航班流为核心构建"运行一张图",打造机场运控大脑,构建未来机场的综合指标体系,支撑从传统机场运行中心(Airport Operation Center,AOC)到未来全面机场管理(Total Airport Management,TAM)的平滑演进。深圳机场"运营一张图"精准管控如图4-16所示。

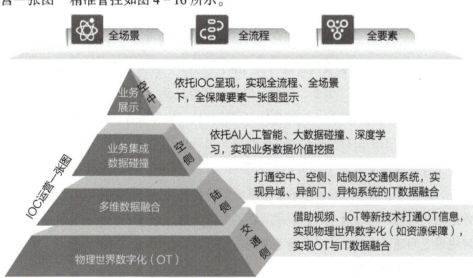

图4-16 深圳机场"运营一张图"精准管控

以智能运营中心为牵引，优化建设流程、组织和 IT 系统，应用创新技术，构建智能、高效的大运控体系，通过"运行一张图"实现了未来机场运营管理中心对空侧、陆侧及地面交通的全局精准可视、智能精准预测、多域高效协同，提升了指挥调度水平，提高了资源利用效率、航班保障效率和航班正常性。

1) 全局精准可视。提供全面精准的运营和安全数据，打造物理与数字机场两维一体一张图可视。机场全景视频拼接，安全全域监控，实现物理可视全视野；机场 IOC、航班保障节点采集实现数字可视更全面、更精准。

2) 智能精准预测。基于全域大数据和 AI 智能分析能力，实现指标动态精准预测，打造机场运行综合指数体系；机位、登机口、安检口等全域保障资源实现智能分配和最优调配，保障运行更高效，领导决策更精准。利用数字平台的跨平台、跨机构、跨域的大数据融合优势，IOC 充分挖掘空管、航司、机场等各领域数据价值，结合行业经验，进行数据建模及人工智能分析，使多维数据碰撞，让数据产生新的价值，使新业务创新。

3) 多域高效协同。基于 IoT、5G、eLTE、多点定位等新技术，打通空侧、陆侧、地面多域全面协同，如航空器流运行协同、地勤车自助协同、地勤保障可视化协同、应急处置会商信息协同，使运行更高效、更安全。

3. 安全一张网

以全场景为目标构建"安全一张网"，构建机场立体大安防，运行无阻，出行无忧。通过流程、组织优化及创新技术应用，以智慧机场 SOC 为牵引，从地面到空中、从人防到技防、从被动到主动，构建立体化安全保障体系，实现风险隐患精准识别、异常事件高效处置、安全态势全局掌握，在稳定可控的前提下，提升安全处置效果和响应效率。

基于智慧机场新 ICT 基础设施，通过构建安全一张网，实现联动、智慧、精准的一体化安防体系，如图 4-17 所示。

1) 联动。一方面，实现视频周界联动，当周界系统触发告警时，通过视频监控系统联动附近摄像头确认并采取融合指挥处理，实现精准打击；另一方面，实现消防告警视频联动，当烟感系统触发告警时，通过视频监控系统联动确认火情、快速响应，同时联动门禁、安保、员工、旅客等系统进行应急处理，保障人身及财物安全。

2）智能。实现排队长度及人群密度预警。将摄像头捕捉的视频进行 AI 分析，若发现排队长度、人群密度等超过阈值则立即触发报警。通过主动智能安防预警，将安防隐患扼杀在萌芽中，减少人身及财物损失。

3）精准。智能围界，联动 AI，精准定位。基于 GIS 地图，实现告警位置、人员轨迹及车辆轨迹精确呈现，大大降低告警的误报率和漏报率。

图 4-17　深圳机场"安全一张网"安防体系

4.5　智慧货运，远比你想象的重要

物流业是支撑国民经济发展的基础性、战略性产业。我国约有 1500 万辆载货汽车、3000 多万名货车驾驶人，承担着公路运输 76% 的货运量，是我国物流运输行业当之无愧的主力军。

伴随着智慧物流的推进及无车承运人试点的发展，货运行业信息透明化的脚步正在加快，原本的"多、小、散、乱、差"等行业现状，必将逐步向规模化、集约化、规范化转型。

智慧货运，最重要的是解决资源调度、安全驾驶、客户差异性需求3个问题，下面将分别对其进行介绍。

4.5.1 智慧资源调度

以运力资源整合共享为特征的共享货运，是共享物流的重要创新模式。借助移动互联网技术创新，共享货运模式可以统筹社会运力资源，降低空载率，取得良好的经济和社会效益。

2019年9月，为贯彻落实国务院办公厅印发的《关于促进平台经济规范健康发展的指导意见》，规范网络平台道路货物运输经营，维护道路货物运输市场秩序，促进物流业降本增效，交通运输部、国家税务总局在系统总结无车承运人试点工作的基础上，制定了《网络平台道路货物运输经营管理暂行办法》。其中的网络货运经营，是指经营者依托互联网平台整合配置运输资源，以承运人身份与托运人签订运输合同，委托实际承运人完成道路货物运输，承担承运人责任的道路货物运输经营活动。

政府立法规范了网络货运经营，使得一大批已有的物流企业以及新入科技企业可以突破束缚，打造各自的物流产业互联网平台，利用5G、物联网、区块链、大数据等"云+"技术手段，改造传统物流供应链的运作和管理，促进物流供应链的创新应用与发展。

针对"整车干线运输"物流场景中的配载、路径规划、车辆调度等问题，可通过多重融合算法、机器学习以及运筹学支撑的智慧物流中央决策支持大脑，在帮助实现智能规划和调度的同时，大幅优化运作效率。

例如，"云柚物流"通过业务模式创新，解决了传统物流交易链条长、业务层层转包、信息不透明、信息传递滞后、物流效率低、管理成本高等问题，为货主企业、运输车队等提供了创新的信息化管理系统，解决了车辆管理难度大、信息传递手段落后、货主企业对供应链可视化管控程度低的问题，降低了整个产业链的运营成本。同时利用大数据支持，有效解决了国内运力资源空载现象，带来整体效率超过10%的提升。

4.5.2 智慧安全驾驶

数据显示，在每年发生的交通事故中，由驾驶人人为因素导致的交通事故约占总量的90%，其中驾驶人的疲劳驾驶是诱发车祸的重要原因之一。货车驾驶人长期处于高强度工作状况，疲劳驾驶问题同样非常严重。相关报告显示，货车驾驶人的疲劳驾驶在午后与凌晨同样严重，合计占到了近60%的比例。而下午4：00～5：00是货车驾驶人疲劳驾驶最严重的时段，这刚好是驾驶人中午出发后连续驾驶4h的时间点。疲劳驾驶对于行车安全的重要性不言而喻。

当人为驾驶已经构成不信任的因素，那么机器的介入就可以有效辅助驾驶，在事故发生前2s及时地给驾驶人预警提示就能避免90%的事故发生。业内已经出现专门预防和减少事故的行车主动安全解决方案——车载主动安全系统，可有效检测驾驶人的行车状态，例如有无打瞌睡、抽烟、打电话等不安全驾驶的行为，同时还具备前车碰撞检测、盲区检测、行人检测及交通标识识别等功能。

系统采用语音播报、图像显示等方式对驾驶进行有效干预，构建主动安全防御机制，为安全驾驶保驾护航。同时，告警数据将同步到企业运营平台，总部根据这些数据及时掌握所有车辆和驾驶人的状态，而后针对不同的驾驶人进行针对性的安全教育，从而提高企业的安全管理水平，提升行车安全系数，降低交通事故率，减少经济损失和降低运营成本。

此外，通过智能终端对驾驶人身份进行认证，对驾驶人的高风险驾驶行为（如疲劳、抽烟、分神及打电话等）进行识别与实时监测，发生风险时，可及时提醒货运驾驶人注意道路情况，并结合自身驾驶状态做出下一步驾驶操作；还能够通过本地语音预警数据上传、结合400人工语音等有效方式进行干预，构建主动安全防御机制，从根源上防止由于货运驾驶人驾驶失误所引起的交通事故。

4.5.3 用智慧满足用户需求

作为服务行业，货运不仅要对接货车驾驶人及货运公司，还需要为用户提供实用性强、便捷的功能。

1. 个人用户的智能化需求

对于个人用户，寄送大件物品时通常很难把握物品体积以及判断需要的载货车辆类型。"AR 识货"功能是货拉拉运用 AR 和深度学习识别技术打造的，测量平均误差低于 5%，这也是行业首个针对货运场景设计且无须专门设备就能实现的物体测量功能。打开手机 APP，就能完成对货物长、宽、高及体积数据的快速测量，并根据货物测量体积与车厢容积匹配结果提供车型推荐，让车货匹配更高效。

2. 企业用户的定制化需求

从时效性上分类，企业客户的需求分为计划运力和非计划运力两部分，分别对应固定用车和突发需求。数据显示，在整个整车物流市场中，计划性运输占比近 70%，这类业务线路相对比较稳定，对运力需求量大，同时又有着较为复杂的要求，如多点配送、与仓储对接、货物安全等。

货拉拉推出的"定制城配"专门用于解决企业运输路线多、配送环境复杂、运输成本过高、驾驶人质量不稳定等用车痛点。其采用"多点配送"的模式，即单趟车从仓库出货后，配送至多家门店。这一模式的难度在于，一方面线路规划上要远比原本的点对点运输复杂，另一方面，在流程上需要直接对接门店的补货机制。通过对整个操作流程的每个时间段都进行细化，对车辆、配送路线进行调度，以保障每条配送线路正常运行，并为紧急情况和响应需求预留足够的时间，可帮助客户避免串货、缺货等异常情况和违规操作，降低管理成本。

4.6 大海航行靠舵手，城市出行靠导航

前文提到，行车导航是交通诱导系统的一个分支，随着城市化的飞速推进，人们越来越离不开导航。过去，只有新手驾驶人需要使用导航，但现在，城市更大，道路更多，即使是开了 20 年出租车的"老师傅"，路线规划也得靠导航。导航的作用还体现在适应越来越严格的交通规则上，尤其是在一线城市，如果没有

导航，很容易在不经意间就发生违章。

当然，导航的作用远不止这些，为了不断强化互联网交通大数据的挖掘分析和落地应用，百度地图、高德地图等导航服务商面向公众和行业推出了形式多样的大数据服务，例如：

1）开发上线中国主要城市实时拥堵在线服务平台，提供城市实时拥堵排行、城市拥堵详情、城市拥堵预测等内容。

2）联合行业顶级科研院所和高校发布季度、年度交通大数据报告，如联合中国城市规划设计研究院等发布的《2020年度全国主要城市通勤监测报告》等。

3）面向交通管理部门推出 SaaS 级的交通拥堵研判平台，助力城市交通管理部门科学治堵。

4）基于地图数据构建的地图服务引擎以及基于交通大数据构建的交通大数据服务引擎（即交通大数据中台），是智慧交通业务的两个核心引擎，其上承载了各种交通信息产品、服务和解决方案，并最终向公安交警、交通运输、广播电视媒体、科研院所、高等院校、软硬件以及集成商等客户提供服务。

5）通过全力连接行业端、政府端和用户端，充分发挥智慧交通建设基础设施的效用，让更多服务为社会所用、为用户所享。

6）面向行业推出了智慧交通诱导发布平台，支持路况数据、行程时间、交通事件数据和其他专题数据的即时发布，帮助路面驾驶人更加及时、准确、全面地掌握实时路况，科学避堵，合理选择行车路线。

4.6.1　高精地图

2019年，全国智能运输系统标准化技术委员会公布了《智能运输系统 智能驾驶电子地图数据模型与交换格式 第1部分：高速公路》和《智能运输系统 智能驾驶电子地图数据模型与交换格式 第2部分：城市道路》这两项国家标准公开征求意见的通知，高精地图的国家标准即将确定。

高精地图有两重内涵：一方面是指精度更高，可精确到厘米级；另一方面是指高分辨率和高清，地图包含的细节更多，面向L3、L4及以上等级的自动驾驶，帮助自动驾驶实现更好的感知和规划。

目前的导航电子地图主要强调道路之间的连接关系，而高精地图则包含车道级的关系信息，如每条车道线的精确位置、车道是虚线还是实线等。此外，道路上每个红绿灯和路边车牌的精确位置也会展现在高精地图上，可帮助自动驾驶系统更好地进行感知和规划。

高精地图产品一般包含静态和动态两个层面。静态层面即在绘制时形成高精度电子地图产品，动态层面则是对道路信息的变化情况进行实时更新。

汽车自动驾驶系统包括融合感知、规划决策、控制执行和网联云控4大核心模块，高精地图又是各类感知系统中尤为关键的一环。在融合感知方面，高精地图为自动驾驶系统提供大量静态环境信息，可节省大量算力进行实时计算，同时，高精地图可与GPS、北斗等全球卫星导航方式结合，帮助车辆定位其精确位置。在规划决策方面，由于高精地图包含实时、高精度的交通信息，可精确协助自动驾驶系统进行驾驶规划。

4.6.2　5G与精准定位

导航是交通出行的必需品，但是基于卫星的导航容易受到建筑物的遮挡，在隧道或高架上时导航信号会变弱，定位点会飘移，甚至完全无法使用。这时，就需要使用即时定位与地图构建（SLAM）技术。SLAM能凭借图像传感器对自动驾驶系统周围的图像信息进行计算，实时绘制地图并同时给出车辆的定位。5G的自身特性以及高密度基站，可以有效增加网络信号稳定性和定位的信息量，同时基于5G的信息量，可以在信号盲区实现亚米级高精度室内定位。

运营商5G网络将提供米级定位精度，这对于传统的无线通信定位是革命性的提升。稍后的5G R17版本更是能将定位精度提高到亚米级（20~30cm）。另外，移动通信本身具有全程全网的特点，要保证无缝覆盖，尽量在多种场景下都能保证一定的精度，这也是较大的挑战。

1. 主流的蜂窝无线定位技术

3GPP从2G开始就制定定位相关的标准，3G、4G陆续都在不断加强。梳理

2G~4G 标准中的通信定位方法,可以发现,随着移动通信制式的演进,定位的方法逐步增加和完善,且定位精度也逐步提升。其中,主流的蜂窝无线定位技术大致包含以下 4 大类:

(1)基于小区标识符(CID - based)的定位技术 如图 4 - 18 所示,其中 BS 指基站,UE 指用户设备。

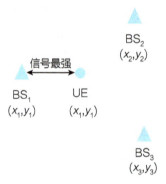

图 4 - 18 基于小区标识符(CID - based)的定位技术

小区标识符的定位,其原理可归为邻近探测法(Proximity Detection),即通过某些有范围限制的物理信号的接收,来判断信标是否出现在某一发射点的附近。比较典型的是 2G 网络中的 CID(Cell ID)定位。由于 UE 在进行位置更新、寻呼、切换等操作时均会向系统上报当前服务小区的位置信息,因而可以借助小区标识符来估计 UE 的当前位置。这种定位方法成本低、易于实现,但其定位精度受限于发射点/小区的布设密度和信号覆盖范围。GSM 小区的覆盖距离理论上可达 35km,在该条件下,CID 定位性能较差,须借助 TA(Time Advance)等信息提高定位精度。3G 网络在 CID 的基础上,添加了 RTT(Round - Trip Time,往返时延)信息进行定位校正。4G 网络则引入 E - CID 定位的方法,增加了 AOA(Angle of Arrival,到达角)等信息辅助定位,其定位精度可达 150m 的量级。

(2)基于距离测量(Range - based)的定位技术(见图 4 - 19) 基于距离测量(Range - based)的定位技术属于多边定位法(Multilateration),是通过测量信标到已知参考点之间的距离来确定信标的位置。常见的有 TOA(Time of Arrival,

到达时间)、TDOA(Time Difference of Arrival,到达时间差)等定位方法。

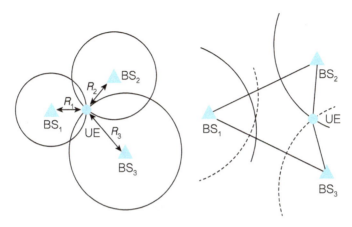

图 4-19 基于距离测量(Range-based)的定位技术

TOA 定位又称圆周定位,其原理是通过测量信标到基站的参考信号到达时间,换算出信标与基站之间的距离 R_i,则待定位信标的位置必处于以该基站为圆心、测量距离为半径 R_i 的圆上。当基站数为 n($n \geq 3$)时,n 个圆必相交于一点,该交点即为待定位信标的位置。

TDOA 定位则为双曲线定位。由双曲线的定义知,到两个定点距离之差为恒定值的点可以构成一条双曲线。由信标对基站进行监听,并测量出信号到达两个基站的时间差,每两两基站可以得到一个测量值并形成一个双曲线定位区域,3 个基站就可以得到两个双曲线定位区域,通过求解出其交点便可得到信标的确切位置。由于 TDOA 测量的是时间差而非绝对时间,因而其应用更为普遍。在 2G 网络中,E-OTD(Enhanced Observed Time Difference,增强型观测时间差)是 TDOA 的改进,其精度可达 50~300m。3G 及 4G 网络中的 OTDOA(Observed Time Difference of Arrival,观察到达时间差)则将精度提升至 50~200m。

(3)基于角度测量(Angle-based)的定位技术(见图 4-20) 该技术属于三角定位法(Triangulation)的范畴。典型的有 AOA(Angle of Arrival),即在获取信标相对两个已知参考点的角度后结合两参考点间的距离信息可以确定唯一的三角形,即可确定信标的准确位置。AOA 受限于天线阵列数目,在现网条件下受多径效应的影响较大,在实际中使用较少,通常作为辅助定位的手段。

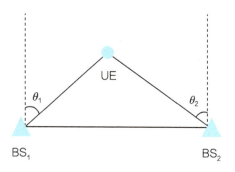

图 4-20 基于角度测量(Angle-based)的定位技术

(4) 融合定位(Hybrid Positioning)技术(见图 4-21) 该技术不再局限于通过蜂窝网络进行定位,而是融合了多种有效的定位方法。典型的有 A-GPS(Assisted GPS)、A-GNSS(Assisted GNSS)以及指纹定位(Fingerprinting)等。A-GPS 是一种结合了蜂窝网络基站信息和 GPS 信息对信标进行定位的技术,通过蜂窝网络先进行粗略定位,然后根据当前的粗略位置有目的地搜索卫星以获取精确定位。A-GPS 有效地解决了传统 GPS 冷启动时卫星搜索速度缓慢的问题,在提高定位速度的同时也保证了定位精度,一般可达 10~50m,因而在 3G 网络中得到了较广的应用。4G 网络中的 A-GNSS 技术同步引入了伽利略、北斗等卫星导航系统,其精度进一步提升至 10m 及以下。

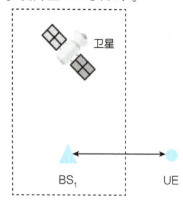

图 4-21 融合定位(Hybrid Positioning)技术

此外，在现网中逐渐成熟并商用的融合定位技术还有指纹定位。指纹定位通常包括离线校准和实际定位两个阶段，其优势在于几乎不需要任何参考测量点，且定位精度非常高，但也存在前期离线建立指纹库的工作量巨大、难以自适应环境变化等问题。

2G~4G 网络中的蜂窝无线定位技术对比见表 4-2。由该表可见，融合定位的精度相对最高，基于距离测量的定位技术次之，基于小区标识符的定位精度相对最弱。但反之，基于小区标识符的定位速度远高于融合定位，而基于距离测量的定位技术响应速度居中。

表 4-2 2G~4G 定位技术对比

网络制式	定位方法	定位类型	限制	定位精度/m	定位速度
2G	CID+TA	基于小区标识符（CID – based）	小区数量	<550	极快
2G	E – OTD	基于距离测量（Range – based）	多径效应	50~300	中
3G	CID+RTT	基于距离测量（Range – based）及小区标识符（CID – based）	小区数量	<200	快
3G	OTDOA	基于距离测量（Range – based）	多径效应	50~200	中
3G	A – GPS	融合定位（Hybrid）	室内接收信号弱	10~50	慢
4G	ECID	基于小区标识符（CID – based）及角度测量（Angle – based）	小区数量及多径效应	>150	快
4G	OTDOA 或 UTDOA	基于距离测量（Range – based）	多径效应	50~200	中
4G	A – GNSS	融合定位（Hybrid）	室内接收信号弱	<10	慢

5G 网络具有超密集异构组网的特点，以其海量的基站作为基础，构建通信定位一体化网络，既能最大限度降低定位网络的部署成本，实现室内外一体化高精度定位，提高定位终端兼容性，也能迎合 5G 业务中 LBS（Location Based

Services，基于位置的服务）类的应用生态。而构建 5G 通信定位一体化网络（见图 4 - 22）可以从两方面入手，一方面是借助 5G 新技术增强蜂窝网自身的定位功能；另一方面是借助 5G 多网络融合（Multi - RAT）的契机，引入 WIFI 定位、iBeacon 定位等技术，实现异构定位系统的融合。

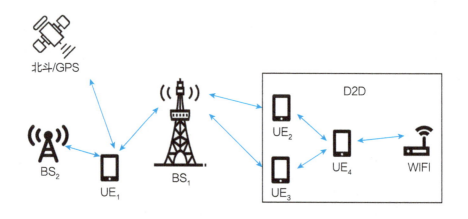

图 4 - 22　5G 通信定位一体化网络示意图

2. 5G 中的使能技术

5G 网络中的若干使能技术，如超密集网络（Ultra - Dense Networks，UDN）、大规模阵列天线（Massive MIMO）、D2D 通信等技术，既能大幅提升单位面积的频谱效率，成倍增加网络的容量，满足通信网络需求，同时也具备定位功能增强的潜能。

（1）UDN 技术　UDN 技术的引入，决定了 5G 将是由负责基础覆盖的宏站与承担热点覆盖的低功率小站（如 Micro 微站、Pico 皮站、Femeto 家用站等）构成的多层覆盖异构网。网络节点的成倍增长以及站间距的缩小，有助于 CID - based 定位技术精度的提升。而对于 Range - based 定位技术，由于小站呈无定形形态，一般采用泊松点过程（Poisson Point Process，PPP）进行建模，多边定位的条件更易满足。因此，借助 UDN 技术实现蜂窝定位性能的增强是必然趋势。UDN 辅助定位示意图如图 4 - 23 所示。

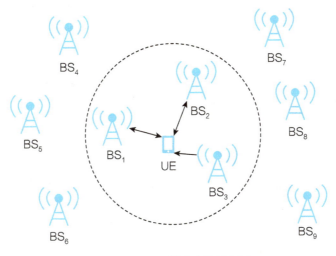

图 4-23 UDN 辅助定位示意图

（2）Massive MIMO 技术　多径和非视距环境会导致 AOA 定位的误差过大，Massive MIMO 技术的应用为 5G 网络解决此问题提供了可能。在实际工程应用中，由于 AOA 定位的环境通常存在多径效应，基站所接收到的信标的上行信号是 NLOS（Not Line of Sight，非视距）信号和 LOS（Line of Sight，视距）信号的合成，而仅有 LOS 信号能够精确表征信标与基站之间的到达角。在传统蜂窝网络中，分离并获取 LOS 信号的实现成本相对较高。而 Massive MIMO 天线能产生定向的窄波束，窄波束对准的方向就是信标上行信号的到达方向 AOA，因而在 5G 网络中可以容易地获取来自两个基站的 AOA 测量值，进而计算出信标的准确位置。Massive MIMO 辅助定位示意图如图 4-24 所示。

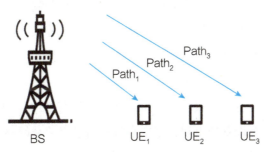

图 4-24　Massive MIMO 辅助定位示意图

（3）D2D 通信技术　D2D 通信技术在室内空间、大型商业综合体室外区域等特殊场景下对定位服务的辅助作用最为明显。通过终端直连，待定位信标所处环境下的其他终端均可以扮演类似于蜂窝网中的基站或 WIFI 网络中的 AP 的角色，为信标提供参考信号到达时间差或到达角的测量服务，从而保证了信标与基站弱连接甚至无连接条件下的定位精度。

此外，5G 能为高精地图的快速发布提供更好的通道，因为它更强调边缘通信和计算能力，我们可以将道路上发生的动态信息实时发布到相应车辆上，提升高精地图的实时性和准确性。5G 的高性能传输可以让地图用户体验到身临其境的沉浸式导航服务，在 5G 时代，AI 的导航会更加顺畅和高效，它也会使我们更加真实地看到跟现实世界的融合。

4.6.3　室内定位

在室内环境无法使用卫星定位时，使用室内定位技术作为卫星定位的辅助定位，可解决卫星信号到达地面时较弱、不能穿透建筑物的问题，最终定位物体当前所处的位置。

在商业应用中，根据不同的应用场景，室内定位技术可分为消费级和工业级。

其中，消费级的主要应用有商场导购、家人防走散、停车场反向寻车、室内导航等。这类需求对定位精度的要求不高，一般精度达到 1m 就可以满足大多数应用。

工业级的应用市场主要包含人流监控和分析、智能制造、紧急救援和人员资产管理等。这类需求对定位精度要求更高，并且要区分操作对象、人群中的个人等，需与专用标签和传感器配套使用。室内定位技术精度与成本及复杂度的关系如图 4-25 所示。

消费市场方面，有研究报告曾指出，如今人们有 80%~90% 的时间在室内度过，伴随着室内定位设备的出现，室内定位的需求将越来越强烈。然而相关服务还并未普及，可以说室内定位隐藏着巨大商机。目前，化工厂、医院、养老院、

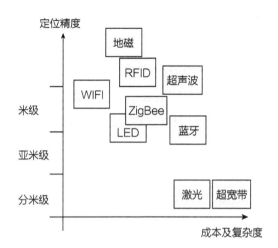

图 4-25 室内定位技术精度与成本及复杂度的关系

监狱/看守所/戒毒所、施工现场等都大规模引入了室内定位，增长速度极快。《2018 年室内定位的发展前景分析》报告指出，我国室内定位直接市场总量已突破 3000 亿元。

下面分别对主要的室内定位技术进行介绍：

1）高灵敏度 GNSS 定位。主要是改进接收机灵敏度，以期在室内使用 GNSS，但难度较大。

2）伪卫星基站定位。伪卫星是在地下、隧道及室内等无法接收 GPS 定位信号环境中时，通过在上述环境中部署相关的基站设备，发射与 GPS 系统相同的无线电通信信号，从而补充和替代 GPS，实现室内定位。伪卫星基站定位方法精度高，但基站部署成本也比较高。

3）蜂窝定位技术。移动通信网络的基础结构是由一系列的蜂窝基站构成的，它们把整个通信区域划分成各个六边形的蜂窝小区，小区半径为几十米至几千米，蜂窝定位技术就是依靠移动通信系统的体系结构和传输信息实现移动台的位置估计。利用移动通信无线电波信号，可进行 RSSI（Received Signal Strength Indicator，接收信号强度指示）场景识别、TOA、TDOA、AOA 等方式定位，还可以进行 RTD（Round Trip Delay，往返时延）、AFLT（Advanced Forward Link Three Edge Measurement，高级前向链接三边测量）、E-OTD 等方式定位。在目前使用的 2G、3G、4G 标准中，蜂窝定位技术可以便捷使用现有基础设施，但是精度一般在几十米到几百米。

4）RFID 定位技术。RFID 即射频识别技术，是一种通过交变磁场或电磁场耦合的无线通信方式。RFID 可利用射频信号实现非接触式双向通信，通过信号处理和信息传递即可进行标签识别与用户定位。RFID 系统可分为阅读器定位和标签定位，可采用 RSSI 场景识别、TOA、TDOA、AOA 等方式定位，但 RFID 作用距离一般较短，只有几米。目前，RFID 室内定位技术主要研究如何提高系统的通用性与定位精度以及降低应用成本。

5）WIFI 定位技术。基于 WIFI 的室内定位系统可以采用 RSSI 距离经验模型来进行反演测距从而定位，而更多的定位系统是采用 RSSI 指纹定位的方式（场景识别）。最早提出该种定位方式的是微软的 RADAR 系统，此外，马里兰大学的 Horus 系统也非常有影响力。由于基于 WIFI 的室内定位系统可以使用现已部署的基础设施，因此大受应用产商青睐，Google 公司已将该技术和室内地图集成到地图服务中，百度、高德等中国位置服务公司也在研发相关产品。WIFI 定位系统的精度可以达到米级，但是由于其信号容易受干扰，导致强度时变性较强，为了维持精度，需要定期更新指纹库，而这会带来繁重的工作负担，目前的研究主要在探索如何降低指纹库更新的困难上，如采用插值和众包等方式。另外，基于 WIFI CSI（Channel State Information，信道状态信息）的定位技术由于可以利用更细粒度的载波信息，也越来越受到关注。

4.6.4 北斗全球系统

2020 年 7 月 31 日，习近平总书记向世界宣布北斗三号全球卫星导航系统正式开通，标志着北斗"三步走"发展战略圆满完成，北斗迈进全球服务新时代。北斗三号 2009 年 11 月启动建设，10 余年来，历经关键技术攻关、试验卫星工程、最简系统、基本系统、完整系统 5 个阶段，提前半年完成全球星座部署，提供全系统服务。

目前，北斗系统已提供导航定位和通信数传两大类、7 种服务。具体包括面向全球范围,提供定位导航授时(RNSS)、全球短报文通信(GSMC)和国际搜救(SAR)3种服务;在中国及周边地区,提供星基增强(SBAS)、地基增强(GAS)、精密单点定位(PPP)和区域短报文通信(RSMC)4种服务。

1)定位导航授时服务。北斗系统空间信号精度优于0.5m;全球定位精度优于10m,测速精度优于0.2m/s,授时精度优于20ns;亚太地区定位精度优于5m,测速精度优于0.1m/s,授时精度优于10ns。

2)全球短报文通信服务。系统通过14颗MEO卫星,可为全球用户提供试用服务,单次通信能力40个汉字。

3)国际搜救服务。按照国际搜救卫星组织标准,与其他卫星导航系统共同组成全球中轨搜救系统,同时提供北斗特色的返向链路服务,极大提升搜救效率和能力。

4)星基增强服务。系统按照国际民航组织标准建设,服务中国及周边地区用户,支持单频及双频多星座两种增强服务模式,满足国际民航组织相关性能要求。目前北斗星基增强系统服务平台已基本建成,即将开展民航应用验证评估工作。

5)地基增强服务。已在中国范围内建设155个框架网基准站和2200余个区域网基准站,提供实时米级、分米级、厘米级和后处理毫米级增强定位服务。

6)精密单点定位服务。目前系统已通过3颗GEO卫星播发精密单点定位信号。定位精度实测值水平优于15cm,高程优于30cm,收敛时间优于15min。

7)区域短报文通信服务。服务中国及周边地区,容量提升至1000万次/h,用户机发射功率降到1~3W,单次报文长度1000个汉字。目前基本完成区域短报文服务平台建设,可推动短报文与移动通信有机融合,进一步发挥北斗系统导通融合服务优势。

目前我国已构建起集芯片、模块、板卡、终端和运营服务为一体的北斗完整产业链。10余年来我国卫星导航与位置服务产业总体产值年均增长20%以上,2019年达到3450亿元。截至2019年年底,国产北斗导航型芯片模块出货量已超亿级规模。北斗基础产品已输出到120多个国家和地区。

北斗系统已全面服务交通运输、公共安全、救灾减灾、农林牧渔、城市治理等行业，融入电力、金融、通信等基础设施，广泛进入大众消费、共享经济和民生领域，深刻改变着人们的生产生活方式，产生显著的经济和社会效益。

交通运输方面，北斗系统广泛应用于重点运输过程监控、公路基础设施安全监控、港口高精度实时定位调度监控等领域，使综合交通管理效率和运输安全水平显著提升。截至 2020 年 10 月底，已经安装使用北斗系统的道路营运车辆有近 700 万辆，邮政快递车辆 3.14 万辆，公务船舶约 1400 艘，通用飞行器约 300 架。特别是在运输航空器上成功实现了北斗首次应用。此外，北斗在中欧班列运输、京张高铁建设运营、浩吉和沪昆等铁路测试监测等方面也得到大量应用，为铁路运输高质量发展赋能赋智。

2035 年前，我国还将建成更加泛在、更加融合、更加智能的国家综合定位导航授时体系，为全球用户提供基准统一、覆盖无缝、安全可靠、便捷高效的 PNT（导航、定位、授时）服务，为未来的智能化、无人化发展提供核心支撑。

4.7 智慧基础设施，智慧新基建

4.7.1 智慧公路

智慧公路基于新一代信息技术，从安全出行到解决拥堵，可提供更多的智能化管理手段。随着智慧交通政策的推广及在各地落地应用，更智能、更安全的道路环境将有助于实现人、车、路之间的协同和更便捷的出行。

1. 智慧高速

智慧高速是新基建的一个重要场景，5G、大数据中心、新能源充电、人工智能都将会在智慧高速上体现。智慧高速的建设将会加速自动驾驶的商业化进程，给自动驾驶行业带来更多的商业化变现的机会。智慧高速管理系统示例如图 4-26 所示。

图 4-26 智慧高速管理系统示例

正在建设中的杭绍甬智慧高速公路，将全面支持自动驾驶、自由流收费、电动车持久续航等，成为一条"智能、快速、绿色、安全"的智慧高速公路、超级高速公路，为未来高速公路建设做出示范。

杭绍甬智慧高速公路是国家公路网 G92 杭州湾地区环线的并行线，经杭州、绍兴、宁波 3 地，全长约 174 km（含利用杭州湾大桥南接线约 24km），采用 6 车道标准建设，总投资约 707 亿元。

杭绍甬智慧高速公路将打造"三网合一"的智慧高速公路基础设施。沿线部署高速率、低时延、高可靠的全覆盖无线通信网络；加强泛在综合感知设施装备的布设，满足车路协同式自动驾驶需求，实现高精定位和高精地图服务；服务区建设太阳能产能系统，部署电动汽车充电桩。

杭绍甬智慧高速公路还将建设智慧高速云控平台，支持具备车载控制功能的车辆实现控制环境下的自主运行，支持具备信息诱导的人驾驶车辆高效运行，支持自动驾驶车辆在队列控制和自由行驶功能间的自如切换。近期支持杭绍甬高速公路管理、服务和管控；中远期实现"大湾区"乃至全域高速公路网管理、服务和管控。

杭绍甬智慧高速公路服务具体目标包括：

1）全面支持自动驾驶。构建路网综合运行监测与预警系统，打造"人—车—路"协同的综合感知体系。近期支持自动驾驶专用车道货车编队行驶，远期支持全线自动驾驶车辆自由行驶。

2）实现自由流收费。创新收费管理模式，构建基于车载终端的收费系统。近期实现封闭式有站自由流收费，即车辆行驶一段路就缴纳一段路通行费的分段式自由流收费，远期实现开放式无站自由流收费，即全面取消高速公路物理收费站。

3）提升全线整体通行效率。依靠客货分离及货车编队等技术，近期实现车辆平均运行速度提升 20%～30%，远期实现通行能力成倍提升。

4）"全天候"快速通行。基于高精度定位、车路协同、无人驾驶等技术的综合应用，克服冰雪、雾霾等特殊天气情况的影响。近期实现自动驾驶专用车道在团雾、冰雪等天气下的"全天候"通行，远期实现高速公路全线在团雾、冰雪天气下的"全天候"快速通行。

5）电动车续航能力。利用服务区、声屏障等高速公路现有场所或条件，建设光伏产能系统以及电动车充电系统，为高速公路用户提供新能源补给服务。近期实现服务区光伏能源供给及充电桩充电服务，远期实现服务区无线充电服务。

6）更加安全。构建车与车、车与路协同式交通安全系统，为安全驾驶提供可靠的技术保障。建设路网运行安全管理系统和应急指挥调度与处置系统，实施智能救援，不断提升高速公路安全性。近期降低交通事故发生率，远期实现"零死亡"愿景。

此外，大量新型基础设施的建设，给产业链中的企业带来了巨大商机。ETC 是智慧公路的服务功能之一。传统人工收费在正常的车流量前提下，完成收费流程的时间为 20～120s，而车辆通过 ETC 车道只需 2～3s。使用 ETC 的车辆不停车通行，减少了车辆起步、制动的频率，还可降低油耗以及对车辆的磨损，减少尾气的排放。据交通运输部公布数据显示，截至 2020 年 10 月底，高速公路通行车辆 ETC 使用率稳步提升超过 65%，其中，客车 ETC 使用率超过 70%，货车 ETC 使用率超过 53%。随着 ETC 的快速普及，全国高速公路通行效率将进一步提升，公路的出行也将更加便捷。高速公路日均拥堵缓行 500m 以上的收费站数量和 2019 年同期相比，下降 62.29%。高速公路出入口的收费站拥堵缓行的状况得到全面缓解。高速公路省界交通拥堵现象将彻底根除，成为历史。

2. 车路协同的创新应用

车路协同是未来智慧高速建设的核心内容。高速公路运行环境相对简单、主体权责清晰、路侧机电设施齐全，具备开展车路协同创新应用的良好条件。全国有超 4000km 的高速公路已经和即将开展车路协同创新应用工作，建设内容分布在车端、路端和云端，主要实现"感知、通信、计算"3 大功能。

高速公路车路协同创新应用包括面向 C 端（消费者个人）、B 端（企业）和 G 端（政府）的不同类型场景。其中面向 C 端和 B 端的创新应用主要针对智能网联汽车（前装或后装网联车辆）和普通车辆（通过手机 APP 或路侧显示系统，如可变电子信息情报板），可以提供主动安全类、提升效率类、信息服务类业务。面向 G 端的监管控制类场景具体包括应急救援、服务区信息服务、区间测速、视频监控、嫌疑车辆追踪、违章车辆上报、交通事件上报等。

面向 C 端和 B 端的创新应用如下：

（1）主动安全类应用　主动安全类应用包括前方隧道提醒、隧道内情况提醒、车道汇合碰撞预警、道路施工区域提醒、紧急停车带位置提醒、危险品运输车辆提醒、前方车辆故障提醒、特殊车辆提醒、周边紧急车辆提醒、后方车辆超车提醒、侧方车辆碰撞提醒、道路前方障碍物提醒、路段限速提醒、车辆超速提醒、拥堵提醒、道路危险状况提示、变道预警、前向碰撞预警、前方车辆紧急制动预警、车辆近距离危险预警、违章车辆预警、极端天气气象预警、团雾检测、能见度检测与预警、道路结冰检测与预警、落石/抛洒物检测与预警、行人与动物闯入检测、动态可行驶区域检测、护栏间距提醒、驾驶人状态评测与预警、超视距视频感知、可变限速控制、动态诱导及绕行、临时路肩使用等。

（2）提升效率类应用　提升效率类应用包括货车编队行驶、应急车道主动管控、匝道智能管控、连续式港湾停车带、施工路段交通组织等。

1）应急车道主动管控采用多源数据采集、路况感知、流量预警、后台管控、信息提示等智能化、自动化技术，实现了灵活动态的车道管控。某一事故发生时，应急车道开放行驶，事故车道作为应急车道使用。

2）匝道智能管控基于现有空间资源，通过对信号灯、毫米波雷达、计算及控制等设备技术的系统应用,可实时动态调整匝道通行策略,平衡高速公路入口匝道与主线交通量。当主线畅通时,车辆自由汇入,当节假日或主线拥堵时采取匝道控制措施。也可实行协同管控,某一匝道可以协同其他多个入口匝道的信号灯进行线性联动控制。

沪宁高速无锡硕放枢纽至苏州东桥枢纽段部署了应急车道主动管控、连续式港湾车道、匝道智能管控等新技术。2019年"五一"小长假期间,与2018年相比,交通通行量提升34.5%,拥堵次数降低65%,平均拥堵距离缩短33.3%,交通事故数降低77.3%。

(3) 信息服务类应用 信息服务类应用主要包括传统信息娱乐服务类业务、基于5G的信息娱乐类业务以及宏观交通运行状态信息服务业务和微观交通运行状态信息服务业务等。

1) 传统信息娱乐服务类业务主要包括车载信息娱乐系统业务、OTA(Over-the-Air)业务、支付类/保险类/融资租赁等金融类业务、车队管理/新能源车管理等行业应用业务等。

2) 基于5G的信息娱乐类业务主要包括车载高清视频实时监控、AR导航、车载VR视频通话、动态实时高精地图、车辆和驾驶实时监控等。

3) 宏观交通运行状态信息服务业务主要为用户提供高精准的宏观交通流状态信息服务。通过高速公路的浮动车数据、移动终端数据、车路协同数据、全程覆盖的视频数据、雷达检测数据以及其他传感器信息,生成近程车道级交通状态信息、中程区域级交通状态信息、远程全路网交通状态信息。通过路侧显示系统,如可变电子信息情报板、车路协同车载终端、手机APP等,向用户发布宏观道路拥堵情况、道路分段运行速度情况、区间旅行时间预测信息等。

4) 微观交通运行状态信息服务业务主要为用户提供高精准的动静态道路状态信息服务。通过高速公路的高精地图数据、用户实时上报数据、视频及雷达等监测系统数据,实现基于静态道路地图和动态道路检测的道路状态感知,生成静态公路基础设施信息,以及动态公路气象环境信息、交通突发事件信息。通过路侧显示系统,如可变电子信息情报板、车路协同车载终端、手机APP等,向用户发布动静态道路状态信息,并基于感知及预测信息从车道选择上为用户提供微观引导。

4.7.2 智慧港口

对于普通人来说,港口可能相对有些陌生,然而作为全球最大综合运输网络的节点,港口的重要意义不言而喻。效率一直是港口的核心竞争力。传统人工码头集装箱装卸时间超过 5min,而且人工装卸需要地面指挥员、桥吊驾驶人和集装箱拖车驾驶人 3 个人才能操作,人力成本高。另外,人工长期操作造成的坠落、损坏等事故,一旦发生,可能带来巨额损失。引入自动化已成为现代码头行业发展的必然趋势。

截至 2018 年年底,全国港口拥有万吨级及以上泊位 2444 个,其中,沿海港口万吨级及以上泊位 2007 个,内河港口万吨级及以上泊位 437 个。中国是全球排名第一的贸易大国,产生全球近四分之一的贸易。智慧港口在我国存在较大的市场应用空间,可以提高港口龙门吊的工作效率、港口园区管理效率和安全性,提升港口与船舶、货物运输的协同性。智能监管、智能服务、自动装卸是智慧港口的主要呈现形式,并能为现代物流业提供高安全、高效率和高品质服务。舟山港智慧港口如图 4-27 所示。

图 4-27 舟山港智慧港口

智慧港口的关键在于构建全连接的无线网络，对港口运输要素实现全面感知，从而进行自动化调度。智慧港口以信息物理系统为框架，通过高新技术的创新应用，使物流供给方和需求方沟通融入集疏运一体化系统，极大提升港口及其相关物流园区对信息的综合处理能力和对相关资源的优化配置能力；利用5G网络及视频监控、AR智能眼镜、智能巡检机器人、无人机等监测设备，实现对龙门吊的安全监控、远程操控，将船联网数据回传至港口管理平台，完善港口园区交通管理与安全监控。

在港口作业中，自动化管控中心和操作人员可以通过移动终端对现场进行视频安全监控、实时数据采集、远程处置调度等操作。MEC平台部署在靠近港口的边缘位置，除了提供可保障的低时延，还能够部署视频优化、集装箱自动化调度、安全防护等相关智慧港口应用内容，显著提高用户体验和数据的安全性，完全满足斗轮机全自动化、吊车远程控制、实时定位、自动驾驶、机器人巡检等智慧港口业务需求。

第 5 章 智慧物流

物流是一个综合多个领域的产业,它涉及运输、存储、配送、信息的协同合作。现阶段,我国商业发展迅速,经济的快速发展使得物流市场的规模呈现出持续增长的态势。随着物流规模的不断扩大,传统物流产业已经很难满足发展的需要。许多资料表明,现有的资源已难以支撑现今越来越大的物流规模。因此,物流业急需找到一个突破口,寻找到发展的新方向,在保持规模扩大的同时注重创新,加速转型升级。这也是智慧物流如此重要的原因。

5.1 智慧物流初探

5.1.1 智慧物流的内涵

在互联网、大数据时代的背景下,借助新兴的互联网技术,从智慧建设角度入手发展智慧物流已经成为物流界的最佳选择。"智慧物流"的概念于 2009 年由中国物流技术协会信息中心、华夏物联网、《物流技术与应用》编辑部在行业内率先提出,即以互联网为基础,将物联网技术应用到物流行业的发展中。具体来说,智慧物流是通过融合物联网、大数据挖掘、智能硬件等先进手段和技术,提升物流系统的综合能力(如数据的智能分析、路线的自主决策以及各种行为的准确执行),最终实现物流体系的智能化。

智慧物流是包含智能感知、及时处理和自动调整功能,实现发现智能、感知智能以及系统智能的现代综合物流系统。它利用物流技术和信息技术的交叉融合，解决了传统物流的不足之处，满足了现代经济运作的需求。通过智慧物流系统，产品供需得到了优化，流通渠道得以缩减，物质流和信息流也得以高效快速、协调地运转。

1. 智慧物流的系统框架

智慧物流的系统框架可以概括为基础层、作业层、感知层、传输层、分析层和决策层，如图 5-1 所示。

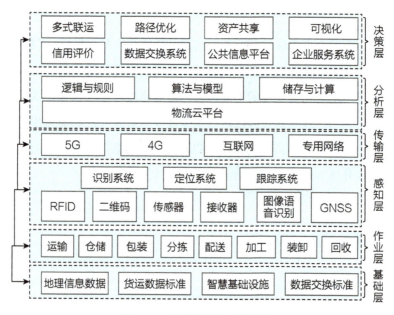

图 5-1 智慧物流的系统框架

（1）基础层 基础层主要是基础设施的建立，包括地理信息数据、货运数据标准、智慧基础设施以及数据交换标准。

（2）作业层 作业层指的是物流的一系列自闭合流程，包括运输、仓储、包装、分拣、配送、加工、装卸以及回收等。

（3）感知层 感知层主要包括识别系统、定位系统和跟踪系统，通过 RFID、二维码、传感器、图像语音识别等技术收集基础数据参数，是物流数字化的开始。

（4）传输层　传输层是指通过 4G/5G 无线通信、互联网、局域网等通信链路，传输感知层所收集的信息，是智慧物流的桥梁。

（5）分析层　分析层则集成了数据交换和挖掘、云计算、人工智能等，对获取的物流云数据进行处理加工，帮助产生决策指令。

（6）决策层　决策层主要指的是管理系统的可视化，从而实现对物流信息的实时追踪，以及配送路线和调度信息的智能优化。

通过智慧物流的系统框架不难看出，智慧物流综合了现有的科技成果，拥有广阔的发展前景。

2. 智慧物流的发展

近些年来，智慧物流已经逐渐成为物流行业快速发展的主要助推力量，大大降低了物流业、生产业等的成本。对于物流而言，其发展可以概括为 4 个阶段，即单一化阶段、一体化阶段、集约化阶段以及智慧化阶段。

最初，物流通过现有的运输资源和能力，把生产中需要的材料流动起来以满足各类需求，只是实现了商品的空间位置转移，把商品从一个地方搬运到另一个地方。服务内容比较单一，运输质量也不高，只是机械性地完成物品转移任务，这个阶段称为单一化阶段。

接着，伴随着经济社会的不断发展，物流产业逐步壮大，物流体系开始变得成熟，已经可以综合利用各种有效信息和现有资源对运输中的每个环节进行科学的控制和管理，展现出专业的一体化趋势，这个阶段可以称为一体化阶段。

随后，随着社会的进一步发展，物流已经完全从其他产业中分离出来，成为一个独立成熟的产业，这大大加深了物流的社会化程度，同时使得物流的专业性进一步提高。这一阶段最显著的特点就是物流已经不再局限于单一的模式，开始出现定制化服务，并且向其他的领域扩展，因此被称为集约化阶段。

如今，随着各种新兴技术的出现以及大数据时代的到来，物流行业呈现出一派崭新的样貌，通过与互联网、大数据、物联网的融合，物流行业正在向着全新的方向转型，变得更加智慧，也就是智慧化阶段。

可以说，物流智慧化是物流业发展的必然趋势，智慧物流将广泛应用在物流行业的各个环节。未来，智慧物流将在以下几个方面进行升级：

1）平台化。在传统物流中，源头企业是整个供应链的核心，主要靠掌握路线和运力来实现调控。随着科技的发展，供应链源头开始转向专项技术更先进、效率更高的企业。通过平台，物流体系可以精确匹配供需双方，从而提高效率。

2）短链化。通常，物流的两个端点一个是生产者，一个是最终使用者或者消费者，这两个端点之间的其他过程都属于中间环节。中间环节越烦琐，风险自然也就越大。产业端需要适应需求侧呈现出的即时化、碎片化的特征，从而使得供应链体系更加简单和灵活。同样，传统的多层分销渠道模式也需要向短链化方向发展，这样一来，既可以精确满足消费者的要求，也可以使物流体系作出调整并灵活反应。

3）无界化。智慧物流除了涉及物流本身外，还会渗透到生产、消费、流通等多个环节。在某些情况下，消费者或使用者甚至可能参与到智慧物流之中，小批量、定制化的物流体系已经成为智慧物流的一个重要组成部分。

4）个性化。在大数据的支持下，信息不对称的情况会越来越少，物流系统可以通过大数据了解用户的特性，从而提供个性化的服务，让每个用户的体验得到提高。

3. 智慧物流面临的问题

智慧物流是科技高速发展下的必然产物，是传统物流的进化方向。平台化、短链化、无界化、个性化都是智慧物流未来发展的方向。在高速发展的同时，智慧物流也面临着以下几个问题，只有解决了这些问题，智慧物流才能真正崛起。

1）智慧物流行业发展标准制定进程缓慢。由于智慧物流的复杂性，统一的行业标准是不可或缺的。但是现阶段，智慧物流尚处于发展初期，企业及政府对智慧物流的了解尚不完善和深入，政府相关管理部门和标准化管理部门还没有形成智慧物流标准化体系，致使物流行业出现了比较突出的各自为政现象。

2）基础设施发展难以满足智慧物流的需求。智慧物流的发展离不开完善的软硬件基础设施，但是现有的条件还不能满足智慧物流的需求。以我国为例，从硬件方面来说，我国多样的自然地貌导致路况环境不同，各地的经济发展情况参差不齐，各个地区的物流基础设施建设水平也不一致，统一起来非常有难度；从软件方面来说，我国物流企业现在大多侧重于设备设施的建设投入，而对信息化的重视不足，从而导致高效率的货物追踪系统以及管理系统的数据化建设严重不足，这极大地影响了企业间的信息共享效率。

3) 智慧物流专业人才极度缺乏。与传统行业相比，智慧物流对人才的需求和要求都极高。但是目前缺少相应的培训体系，导致对口的高水平人才十分匮乏。同时，相比其他高科技产业，人们对智慧物流的了解较少，高水平人才目前往往不愿意投身于物流产业。

5.1.2 物流大数据——推动物流智能化升级

1. 大数据对于智慧物流的意义

随着信息技术的发展，大数据已经成为时代发展的潮流。任何产业，想要在新时代取得立足之地，都必须充分利用大数据。对于智慧物流来说，大数据更是重中之重。

大数据是一种拥有海量数据的数据集合，相比传统数据库，大数据在获取、存储、管理和分析方面有着巨大的优势。大数据有 4 大特征——海量的数据规模、快速的数据流转、多种多样的数据类型以及价值密度低。很多人对大数据的理解就是大量的数据，这种理解是片面的，大数据的意义不单单在于数据量的大，而在于对这些有含义的数据进行专业化的处理，从而得到需要的信息。如果我们把大数据当作一种产业来处理，那么大数据盈亏的关键在于能否提高对数据的加工能力，即通过加工实现数据的增值。

在大数据时代的背景下，庞大的数据随时随地都在变化，单单依靠传统的处理方式已经很难满足物流发展的需求。因此，为了更好地将信息管理系统和物流系统结合起来，必须运用大数据，真正实现从信息接收、订单处理到分拣存储和运输监控等各方面的协调配合，完成由传统物流体系向系统化、自动化的转变。此外，随着社会的发展，传统的数据分析模式在物流产业中已经不再适用了，必须通过大数据对物流运行过程中的每一个环节进行优化整合。通过收集和整理各种信息，再经过大数据的分析，就可以掌握物流过程中的许多关键信息，优化物流的运作模式。同时，在大数据的支持下，可以对客户的需求和喜好进行细致的分析，从而提供更让人满意的服务，巩固与消费者关系，增加用户黏性，从根本上防止客户的流失。

2. 基于大数据的智慧物流体系

物流业务体系是以物流业务为核心，以保证各项物流业务运行的所有相关因素为支撑，在各要素有机结合下完成高效、低耗的物流活动。物流业务体系随着物流业的发展而不断更新与迭代，在大数据时代，智慧物流体系的关键是利用物联网、大数据、云计算、人工智能和移动互联网等技术对物流信息进行管理和分析。通过智能化信息技术采集物流业务数据，进行加工处理和综合分析，帮助企业更好地优化业务流程，管理物流运营。图 5-2 所示为基于大数据的智慧物流体系。

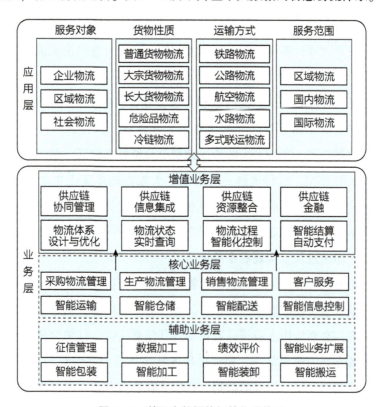

图 5-2 基于大数据的智慧物流体系

在智慧物流体系中，核心业务层包含智能运输、智能仓储、智能配送和智能信息控制等。智能运输是将大数据应用于物流运输体系，对运输货物和运输线路进行实时追踪和控制，以及对物流过程中的数据进行自动化管理，实现信息的自动采集和传输。智能仓储是指利用智能化信息技术和大数据实现自动分拣，通过采集和分析出入库的物流信息，综合分析仓库容量、运输效率等信息，合理地安排货物出入库，达到仓库的实时监控、自动盘点以及合理分配，也就是所谓的云仓库。智能配送是运用大量的感知节点实时捕捉交通条件、地理环境、客户信息和客户分布等数据，然后再通过系统的智能分析，及时调整配送线路和配送时间，真正意义上实现智能配送。智能信息控制则是运用大数据对物流运输中的各个环节进行全面监控，对于各种情况做出针对性分析，从而达到安全传输和智能控制的目的，以实现物流产业的升级，提高物流系统对整个运输链的响应度和准确度。

辅助业务层包括征信管理、智能包装、数据加工、智能加工、绩效评价以及智能装卸与搬运等其他业务。辅助业务层基于大数据，对辅助业务进行分析，筛选出有价值的数据以辅助核心业务，从而使物流体系更加智能化。

增值业务层基于大数据，通过供应链协同管理、供应链信息集成、供应链资源整合以及供应链金融，来实现物流体系设计与优化、物流状态实时查询、物流过程智能化控制以及智能结算自动支付等增值业务。

应用层可以基于服务对象、货物性质、运输方式以及服务范围进行分类，是核心业务层、辅助业务层以及增值业务层所服务的范围，也是业务层各项业务的实际应用。

由于大数据以海量的数据作为支撑，因此构建智慧物流体系的关键在于物流信息捕捉技术。该技术需要对物流过程中的各种基础数据进行准确和及时的捕捉，并对周边场景进行感知，从而使物流系统在各种复杂情况下可以流畅稳定地运行。物流信息捕捉技术可以分成智能感知和信息抓取两部分。智能感知技术的涵盖范围很广，常见的有条形码技术、卫星定位（北斗或GPS全球定位系统）技术、GIS技术等。在感知到这些信息之后，接下来就是信息抓取的过程，抓取感知到的信息，然后整理传输给系统进行分析。除了系统自身获取的数据外，企业营销数据和网络搜索引擎都是智慧物流所需数据的重要来源。

通过物流信息捕捉技术获得的数据最终要传输给系统才能发挥作用，因此物流信息传输技术也是不可或缺的。物流信息传输技术包括基于商品的智能信息推拉技术以及移动通信技术、互联网技术与传感网相融合的可靠数据传输技术。

物流信息传输完之后就需要通过物流信息处理技术来进行处理了。通过建立数据仓库，利用云计算技术对各种数据进行实时处理，从而做出正确的决策。这个过程需要的技术主要包括物流云计算、人工智能以及数据仓库技术。

除了上述技术外，物流信息分析技术、物流预测和决策技术也是智慧物流不可缺少的。物流信息分析技术是利用数据挖掘、关联分析和聚类分析对客户、商品、物流关系进行分析。物流预测和决策技术则是运用大数据对物流数量分布等进行预测，结合物流信息分析技术提供的信息，做出合理的规划与决策。

5.1.3　新零售时代的物流新概念

1. 新零售时代的到来

互联网时代的到来对传统零售行业的冲击是巨大的，网络购物甚至一度有取代线下零售的趋势，但是随着时间的推移，电商的增速逐渐放缓，整个行业趋向稳定。而且，在电商高速增长的情况下，线上零售的占比依旧不高，在 2017 年，这个比例只有 20%，这充分说明传统的超市、便利店等在人们的日常生活中仍旧占据着主导地位。那么，如何在充分利用线下零售市场的基础上，将互联网的思维融入进去，就是新零售要解决的问题。

新零售的核心思想是以互联网为驱动，将线上线下相结合，同时利用大数据进行分析决策，为人们的日常生活提供一种全新的零售方式，让人们既能享受网上购物的方便，又能得到线下零售的便利。新零售针对产品和服务，实现了线上、线下和物流 3 个维度的融合,具有智慧化、生态化、无界化和体验化 4 个特征。

很多电商开始加入新零售的行列。2016 年,阿里巴巴推出了新产品"盒马鲜生",随后各个电商纷纷推出了自己的新零售品牌。在这些品牌对应的软件上,消费者可以像网上购物一样挑选自己喜欢的商品,完成线上下单。与传统线上购物不同的是,下单后消费者不需要再经历漫长的等快递过程,商家会根据消费者的位置信息,结合自身商品的库存分布,安排就近的网点上门配送,在短时间内将商品送到消费者手中。

目前的新零售已经越来越向一些行业巨头手里集中,如图 5-3 所示。

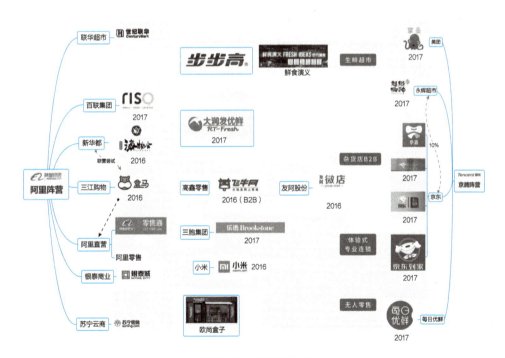

图 5-3 新零售地图

2. 新零售的优势

在任何时候,库存都是评价企业运营效率的一个重要指标。库存过多,会造成存货成本上升;库存不足,将会使企业正常的运转流程受阻。在传统的零售行业中，商品首先需要从制造商送到经销商手里，然后再卖到消费者手中。这个过程中，库存是个很难把握的量，因为很难有确定的标准来衡量库存是否合适。但是在新零售时代，传统的零售模式将从 B2C（商家对消费者）模式向消费者驱动的 C2B（消费者对商家）模式转变，减少了中间步骤，仓储变成了流转系统，货物一直在途中，就可以减轻库存带来的压力。

此外，在传统的线下零售模式中，消费者的地位相对被动，商家在进货时并不清楚消费者的需求，只能根据品牌、销量来判断货物需求，消费者在购买的时候只能在经销商购买的货物中进行选择。然而新零售让消费者摆脱了被动选择的困境，依托大数据，消费者的数据可以被充分收集和分析，实时传递给新零售中的各个环节，使得零售商和品牌商可以准确获取消费者的需求，从而提供个性化、定制化的产品和服务。生产商则可以通过这些数据预测出需求量，实现柔性生产。这样既满足了消费者的需求，同时又在一定程度上提升了整个供应链的效率，真正实现了消费者驱动的销售模式，如图 5-4 所示。

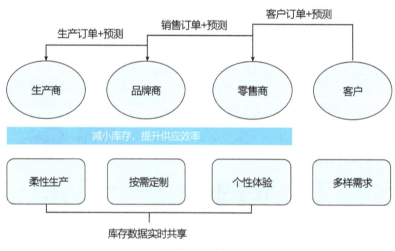

图 5-4　新零售的消费者驱动模式

3. 新零售时代的物流需求

作为连接整个供应链的重要环节，新零售对物流提出了新的要求。

（1）加速物流设备智能化改造　要想推进新零售的发展，完善的基础设施是不可或缺的，通过人工智能、大数据、5G、云计算、北斗导航系统等新技术对物流设备和基础设施进行改造提升是新零售行业向智能化迈进的重要物质保证。首先，要构建一个完善高效的智能化信息管理系统，对运营数据、配送信息、库存数量等信息进行有效的管理。此外，还要将许多已经推广应用的新技术应用进来，例如可以利用最新的北斗导航系统来实现无人机、无人车配送，从而提升基础设施的性能。

（2）优化供应链成本　新零售模式提供物流急速送达及多样化等服务，如果完全依靠人力来实现分拣和配送，将导致物流成本过高从而难以盈利，因此需要通过智慧物流、资源共享以及提升物流效率来降低成本，对供应链成本进行优化。

首先，可以通过社会力量共享、平台数据共享以及仓储资源共享等方式，将社会资源进行有效整合。其次，可以通过使用无人机、智能配送机器人、拣货机器设备以及扫码标枪等智能设备来提高企业物流的效率以及降低人工成本。此外，可以采用店仓一体化的方式，将线上线下购物、门店以及末端配送融合在一起，优化物流路径以及物流的内部流程，如图 5-5 所示。这样一来，30min 便能实现在 5km 范围内的准时送达服务，自然也提升了客户的满意度。

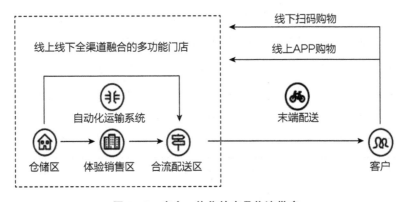

图 5-5　店仓一体化的产品物流供应

（3）完善相应的法律法规和对口的人才培养　由于新零售时代的智慧物流

涉及一种全新的运作模式，并且应用了很多全新的技术，因此，对相关设备、运作流程和服务安全等方面制定相关标准，从而形成一套行之有效的准则是十分重要的。同时，作为一种全新的模式，新零售物流对于人才的需求也是十分大的。新零售物流不仅涉及许多全新的技术，在运营和管理方面也有着非常苛刻的要求。因此，需要针对新零售培养专门的智慧物流人才，以更好地满足新零售时代的需求。

5.2 5G与智慧物流生态

5.2.1 5G+物流，智能化时代的深度融合

目前，我国物流行业正处于飞速发展的成长期，专业水平持续提升，市场规模不断扩张。然而，需要注意的是，我国物流行业的整体运营效率并不高，人工占比相对较大，再加上消费者需求呈现出碎片化、零散化趋势，因此迫切需要运营优化和技术升级。如何高效快速地利用数据协调物流供应链的各个环节，从而降低物流供应链成本，提高运作效率，是物流行业一直以来的难题。5G技术是对基础信息网络的一次换代升级，也是物流行业这些重点和难点问题能否得到有效解决的关键，因此5G技术的发展对物流行业至关重要。

相对于4G网络而言，5G网络具有大带宽、低时延、广连接的特点。5G网络的这些特点也意味着其在数据收集方面能够更加快速和精准。基于5G的低时延特点，物流运作信息可以更迅速地到达设备端、作业端和管理端，从而实现端到端无缝连接。利用5G网络大带宽和广连接的特点，可以将物联网的范围进一步扩大，更加全面地获取环境信息，并且使原本碎片化的物流信息形成更具有应用价值的数据。依靠大带宽、低时延的5G网络，海量的信息得以迅速传输，从而使人工智能在物流领域有了更多的切入点，真正让技术赋能物流产业。

通过以上分析可以看出，5G应用于物流行业最大的价值在于对数据的充分利用，主要体现在3个方面：获取数据更高效；给物流提供信息参考更

便捷；协同物流的各个端与数据进行深度融合，给物流运作提供更加全面的服务。

1. 基于 5G 的新一代物流阶段

根据圆通研究院发布的《5G 网络技术在新一代物流行业中的应用》，基于 5G 的新一代物流发展是循序渐进的，5G 在各物流场景中的应用将分为 4 个阶段实施。

（1）第一阶段　第一阶段的主要服务场景为 eMBB，应用场景包括 AR 的物流应用、物流数据计算平台以及区块链物流安全平台。具体有：

1）利用 AR 技术更高效地完成拣选作业，优化货物装配顺序，快速检索快递编号，及时查看路面状况，优化配送路线。

2）采用分布式的移动边缘云计算方案，将大量计算任务交给边缘服务器，由边缘服务器与云端进行数据同步，5G 为其提供高效的通信方案。

3）使用区块链技术保护用户隐私，保障新一代物流的信息数据安全。

（2）第二阶段　第二阶段的主要服务场景为 mMTC。随着 5G 技术的持续增强，海量接入的应用场景最终会成为现实。该场景的主要应用包括物流智能能源供给、物流智能仓储、工业级物流监控等。新一代物流的能源供给会采用基于 5G 的智能电网技术。5G 的切片安全性和隔离性使得物流企业可以方便地组建独立的智能电网系统，保障能源供给。在智能仓储应用中，5G 作为传输层技术为在仓储中大规模使用智能机器人提供了高效的通信环境，为人工智能技术应用于智能仓储奠定了坚实的基础，保障了仓储作业的安全与效率。另外，新一代的物流监控要求对环境、异常情况、货物的实时状况等进行全方位的立体监控，并将获取的视频、图像以及其他传感器数据实时反馈至数据中心，进行综合分析。相对于 4G 网络，5G 更能保证数据传输的效率，使物流监控环节变得更加高效智能。

（3）第三阶段　第三阶段的主要服务场景为 uRLLC，包括工业级视觉系统、全自动化物流运输等。新一代物流的效率会大大提高，人类的肉眼视觉和反应速度很可能跟不上流水速度。以计算机视觉为基础的工业级视觉系统可以代替人的视觉，完成货物的识别和分拣，大幅提高物流系统的自动化程度。在物流运输环节，新一代物流将会采取全自动化的物流运输，包括物流货车自动化驾驶、物流车队编队行驶、无人机快递系统以及远程物流节点控制等。特别指出，圆通研究院认为 5G 是无人驾驶技术的奠基石，但无人驾驶不等于自动驾驶，前者是 5G 应用场景中最难实现的子场景，除了要具备技术层面的条件外，还需要在安全、监督、法规等多个维度加以规范和完善。

（4）第四阶段 在 5G 切片技术支撑下，各种业务场景以切片形式融入一体化的物流体系。

基于 5G 的新一代物流阶段与场景演绎进程如图 5-6 所示。

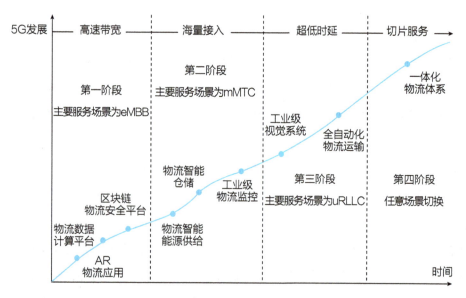

图 5-6 基于 5G 的新一代物流阶段与场景演绎进程

2. 5G 在物流行业的应用

从目前行业应用来看，京东、苏宁、菜鸟等企业均在积极探索 5G 网络技术在物流行业的应用场景。

京东物流正在积极探索智能物流全面物联网化的未来形态，先后完成了

"5G 三连跳"：牵手中国 3 大通信运营商布局 5G；5G 智能创新应用在"亚洲一号"智能物流园区落地；打造 LoMir（络谜）5G 智能物流平台，第一时间将自身在 5G 技术的应用和积累开放共享。此外，京东物流与厦门公交集团、中国信科集团联合打造了全国首例城市级 5G 智能物流场景化应用，如图 5-7 所示。在 5G 网络环境下，公交车辆先将货物运送到公交枢纽站的智能配送站，再由京东配送机器人将货物从智能配送站取出，自动送至目的地，完成配送任务。在该场景测试的整个配送过程中，京东智能配送机器人都在交通枢纽的高清视频设备实时监控下，通过 5G 网络实现高精地图导航，并将采集的高清视频实时回传到后台系统。

图 5-7　全国首例城市级 5G 智能物流场景化应用

苏宁和菜鸟也不甘落后，将 5G 试验在物流场景中。苏宁与 5G 生产制造厂商以及运营商公司携手，在南京雨花物流基地研究 5G 基站的建设。如图 5-8 所示，苏宁 5G 卧龙无人配送车已经进行了实测路演。菜鸟与华为、中国移动合作研究基于 5G 的自动驾驶，在杭州的云栖小镇建立了无人驾驶测试基地。此外，菜鸟还携手中国联通和圆通，准备在杭州萧山设立基于 5G 的快递分拨中心，这也是全国首次试水，预计落成后将大大提升包裹分拣的效率。这些都标志着我国已经开始了物流全面数字化的新里程。

图 5-8 苏宁 5G 卧龙无人配送车

  5G 与物流的深度融合将彻底改变物流行业的运营与发展方式，也将改变人们现有的生产和生活方式。

  可以预见的是，5G 技术对于物流行业的革命不亚于当初互联网技术的出现。对于物流行业来说，5G 技术最大的意义就在于能够实时掌握更加精确和更加海量的数据，而如何科学有效地利用这些数据提高物流各个环节的质量与效率则是物流行业的重点突破领域。对于物流企业来说，既要加强 5G 技术与物流的深度融合，也要积极探索物流技术基础层面与 5G 的适应性，给 5G 网络的推广和应用打下良好的理论基础。物流企业间应不断加强同行合作，共同探索 5G 网络新的应用场景，结合技术优势，助推 5G 的普及与应用。

5.2.2　5G+仓储，智能化仓储管理系统

1. 5G 推动物流仓储智能化

  仓储在物流供应链中起着承上启下的作用，是现代物流的核心环节。随着我国物流行业的不断发展和市场规模的进一步扩大，使用普通的叉车、托盘、货架等设备组合的传统自动化仓储已经无法满足需求，并且传统自动化仓储有着阻碍企业发展的致命缺点——信息管理效率低、信息不对称、数据信息泄露等。尽管如此，考虑到 4G 网络下的智能自动化仓储建设费用高、投资回报时间长，目前在物流市场中企业大多还是采用传统自动化仓储。因此，物流仓储环节的全面智

能化势在必行。智能自动化仓储的技术要素包括物联网、大数据、人工智能、智能仓储管理系统等，其中每一项都与 5G 息息相关。

在货物入库环节，企业可使用接入 5G 网络的扫描监控设备，实现仓储过程的全程可视化，实时地将入库信息发送到云端，形成云端数据库。在盘点环节，传统的盘点方式时间间隔相对比较大，容易产生信息不对称、系统库存信息与实际库存误差大的问题，长时间重新盘点则会影响与销售环节的衔接。如果采用物联网技术将货物托盘接入 5G 网络，将实现货物线上线下实时清算、智能搜索、按期归类等高效盘点任务。在出库环节，5G 网络技术的高可靠、低时延、大带宽、海量接入等特性，能够保证自动巷道堆垛机进行科学的仓储布局、AGV 小车合理规划路径等，并按照客户订单信息快速准确地完成装车发货工作。

在货物分拣任务中，计算机视觉技术与 5G 网络的结合将成为推动仓储高效智能化的加速器。在仓储系统作业繁忙时，自身因素或外界环境影响会导致人类的工作效率下降，而计算机视觉技术可以代替人的视觉，高效低成本地完成作业任务。计算机视觉技术要求能够进行实时的信息处理，如物流分拣环节的图像识别、生产线作业中的物品目标监测、货物配送过程的流程跟踪等，这些复杂操作需要低时延、大带宽的 5G 数据通信支持。此外，在实时传输的视频图像辅助下，人工还可远程接管无人工业车辆，这使得各仓储节点共享同一套人工班底成为可能。随着仓储自动化程度的加深，人工将更加专注于临时性非标准的盘点、巡检、查找、核对等复杂工作环节。人员的培训和调度将更加专业化、标准化，最终实现最优配置。

2. 基于 5G 的智能仓储应用

在新一代物流行业中，传统机械机器人已无法满足物流仓储环节的企业需求，物流仓储的全面自动化离不开智能机器人的大规模应用。目前已经有很多智能机器人被用在仓储环节中，以实现自动化物流分拣、自动化物品运输以及自动化出入库等。然而在现有 4G 网络下，智能机器人设备由于时延、能耗以及硬件条件的限制等问题往往不能发挥更多作用。而 5G 网络的高可靠、低时延特性，能够带来更稳定的网络连接和更高效的数据传送，其海量接入特性将使智能机器人在仓储环节的大规模使用成为可能。

5G 网络可为智能自动化仓储提供理想的数据通信支持，使仓储变得更加柔性化。智能自动化仓储的应用则保证了仓库管理各个环节数据的准确性，确保企业能及时准确地掌握货物的真实数据以及当前位置，高效地管理仓储库存货物。

为了尽快抢占市场，各大电商企业都在积极探索智能仓储，并且有多家已经落地投入运营。例如，苏宁在全国的物流仓储加上各种相关设施的总面积已经达到了 $12km^2$，覆盖的业务包括及时配送、快递、冷链和供应链，各种末端网点加起来超过 26000 个。如图 5-9 所示，在南京雨花物流云仓，苏宁打通了"5G 终端模组—园区物流 MEC—核心网—业务"这个完整的链路，实现了物流仓储 AGV、无人叉车、智能安防等在 5G 网络环境中的部署实施，从而降低了机器人设备带来的巨大成本，进一步提升了物流作业端、设备端以及管理端的智能化和自动化。

图 5-9 苏宁南京雨花物流云仓

智能仓储是连接上游电商企业与消费客户的重要枢纽，由 5G 网络技术为其提供数据通信支持，保障货物安全和客户的物流服务体验。除了离不开 5G 技术的支撑，建设智能自动化仓储还需要企业投入更多的硬件资源，合理布局仓储模式，这样 5G 才能发挥更大的效用。在国家的高度重视与全行业的共同努力下，融合各种先进技术的智能自动化仓储正逐步落地，为我国物流行业的进一步发展繁荣奠定坚实的基础。

5.2.3 5G+智慧配送，解决"最后1公里"问题

1. 5G技术下的智慧配送

配送是物流的最后环节。随着国内电商行业的持续繁荣，物流配送点每天需要配送的包裹数量也在与日俱增。以京东为例，2020年的"618购物节"，京东24h下单金额总数超过2692亿元，与同期相比增加了33.6%。订单数量的激增会给配送环节带来巨大的压力，特别是在购物节期间，如果不能及时配送，就会导致配送点包裹堆积如山。包裹长期滞留、末端配送缓慢会严重影响客户的物流体验，单纯的增加配送人员不能从根本上解决这一问题，还会带来人工成本增加、交通拥堵等一系列问题。

5G技术支持下的无人配送是物流配送的未来趋势，其实现方式有智能配送机器人、无人车、无人机等，将给物流的"最后1公里"带来极大的便捷。无人配送一方面可以极大地降低物流末端的配送成本，另一方面还可以充分优化车辆调度路线，提高送货效率。5G作为全新的移动通信技术，运用于物流传输的终端通信，能够让运输车辆实现智能感知和数据及时共享，真正助力物流的智慧化升级。

2. 智能配送新方式

无人机是实现无人配送的新型方式，而且具有独特的优势。使用无人机配送可以不考虑复杂的路面情况，在减少配送时间的同时，也降低了物流成本。在5G网络下，无人机不需要复杂的计算系统，因为可以将大量的计算任务交由云端或边缘计算服务器处理，然后以极低的时延获取处理结果。所有的配送任务由云端统一管理，无人机在配送完成后及时反馈并获取新的配送任务，这样可有效降低无人机的闲置率，提高物流配送效率。

目前大多数快递公司都是先将包裹安置到配送车，然后给客户发送配送信息。客户无法掌握包裹的准确位置与送达时间，只能被动等待包裹领取短信，这会给客户的工作和生活安排带来负面影响，配送时间与客户能够领取包裹的时间

不一致会极大影响客户的物流配送体验。使用 5G 网络下的无人机配送则不存在这样的问题。5G 与物联网技术支持下的无人机配送能够实时追踪包裹状态与位置，并将信息反馈至物流信息处理中心。客户能够实时查看包裹配送状况，掌握准确的配送时间，从而解决一直以来存在的物流配送等待时间过长的问题，提高配送准确率。目前，多家企业已经开展了末端无人机配送的相关研究，正在积极探索无人机在物流配送领域的应用前景。

除了无人机，智能配送机器人也是实现物流末端无人配送的重要途径。智能配送机器人集成了 5G、人工智能、大数据等先进技术，是 5G 与人工智能结合的应用场景之一。一方面，5G 网络的低时延传输特性增强了配送机器人的视觉能力；另一方面，其高可靠特性更是保证了配送机器人在复杂的城市场景中的抗干扰能力。在 5G 网络与人工智能技术的加持下，智能配送机器人能够快速找出物流运输的最佳路线，避开拥堵和事故高发路段，从而节省配送时间，提供优质的物流配送服务。

5G 技术的应用为物流配送环节的降本增效带来了新的机遇和可能。5G 具有的大带宽、低时延、广连接、万物信息相连共处理等能力在配送环节中有着巨大的应用市场，能够有效提高配送效益。作为整个物流系统中末端配送的最后一环，无人机、智能配送机器人所具备的智能、高负荷、全天候工作等优点，将为物流行业的"最后 1 公里"带来全新的解决方案。

3. 基于 5G 的智慧配送案例

2020 年 2 月，在武汉市青山区吉林街上，一台物流智能配送机器人从京东物流仁和站出发，沿着街道一路前行，灵巧地躲避着车辆和行人，穿过建设二路路口，顺利将医疗物资送到了武汉第九医院，实现了"无接触"配送。智能配送机器人无须人员接触即可完成配送工作，减少了病毒传播的交叉感染，也能满足被隔离医院、小区的配送需求。此外，2020 年 4 月出台的《上海市促进在线新经济发展行动方案（2020—2022 年）》更是将"无接触"配送列为十二大发展重点之一，其要求推动无人配送在零售、医疗、餐饮、酒店、制造等行业的应用，重点发展无人机、无人车等无人驾驶运载工具，推进社区储物设施共享，解决"最后1公里"问题。

此外,智能配送机器人具备高度的智能化和自主学习的能力,能够应对复杂的路面、行人、车辆环境,进行及时有效的决策并迅速执行。如图5-10所示,以京东末端配送机器人为例,在送货过程中,配送机器人能够通过雷达和视觉传感器实时监控周围环境,自动规避道路障碍和车辆行人,准确识别红绿灯信号,自主停靠配送点,做到自动化配送的全场景识别。在到达配送目的地后,用户可以通过人脸识别、输入验证码或使用手机APP连接3种方式打开货仓,取走包裹。相对于快递员人工配送,智能配送机器人能够在复杂天气条件下完成高负荷高强度工作,这样可减轻交通压力,也能有效降低人工成本。

图5-10 京东末端配送机器人

第6章 智慧交通在路上

2017年10月18日，习近平总书记在党的十九大报告中首次明确提出了建设交通强国的发展战略。

2019年12月9日，交通运输部印发《推进综合交通运输大数据发展行动纲要（2020—2025年）》，明确了主要目标，即到2025年，综合交通运输大数据标准体系更加完善，基础设施、运载工具等成规模、成体系的大数据集基本建成。政务大数据有效支撑综合交通运输体系建设，交通运输行业数字化水平显著提升。综合交通运输信息资源深入共享开放。大数据在综合交通运输各业务领域应用更加广泛。

2020年8月3日，交通运输部印发《关于推动交通运输领域新型基础设施建设的指导意见》。指导思想是围绕加快建设交通强国总体目标，推动交通基础设施数字转型、智能升级，建设便捷顺畅、经济高效、绿色集约、智能先进、安全可靠的交通运输领域新型基础设施。发展目标是到2035年，交通运输领域新型基础设施建设取得显著成效。先进信息技术深度赋能交通基础设施，精准感知、精确分析、精细管理和精心服务能力全面提升，成为加快建设交通强国的有力支撑。基础设施建设运营能耗水平有效控制。泛在感知设施、先进传输网络、北斗时空信息服务在交通运输行业深度覆盖，行业数据中心和网络安全体系基本建立，智能列车、自动驾驶汽车、智能船舶等逐步应用。

6.1 智慧交通是国家重要战略的关键性环节

6.1.1 建设交通强国

建设交通强国是以习近平同志为核心的党中央立足国情、着眼全局、面向未来作出的重大战略决策，是建设现代化经济体系的先行领域，是全面建成社会主义现代化强国的重要支撑，是新时代做好交通工作的总抓手。

《交通强国建设纲要》制定了以下发展目标：

到 2020 年，完成决胜全面建成小康社会交通建设任务和"十三五"现代综合交通运输体系发展规划各项任务，为交通强国建设奠定坚实基础。

从 2021 年到本世纪中叶，分两个阶段推进交通强国建设。

到 2035 年，基本建成交通强国。现代化综合交通体系基本形成，人民满意度明显提高，支撑国家现代化建设能力显著增强；拥有发达的快速网、完善的干线网、广泛的基础网，城乡区域交通协调发展达到新高度；基本形成"全国 123 出行交通圈"（都市区 1h 通勤、城市群 2h 通达、全国主要城市 3h 覆盖）和"全球 123 快货物流圈"（国内 1 天送达、周边国家 2 天送达、全球主要城市 3 天送达），旅客联程运输便捷顺畅，货物多式联运高效经济；智能、平安、绿色、共享交通发展水平明显提高，城市交通拥堵基本缓解，无障碍出行服务体系基本完善；交通科技创新体系基本建成，交通关键装备先进安全，人才队伍精良，市场环境优良；基本实现交通治理体系和治理能力现代化；交通国际竞争力和影响力显著提升。

到本世纪中叶，全面建成人民满意、保障有力、世界前列的交通强国。基础设施规模质量、技术装备、科技创新能力、智能化与绿色化水平位居世界前列，交通安全水平、治理能力、文明程度、国际竞争力及影响力达到国际先进水平，全面服务和保障社会主义现代化强国建设，人民享有美好交通服务。

近几年交通政策制定大事记见表 6-1。

表 6-1 近几年交通政策制定大事记

时间	部门	政策	主要内容
2016年7月	交通运输部	《城市公共交通"十三五"发展纲要》	全面推进公交都市建设;深化城市公交行业体制机构改革;全面提升城市公交服务品质;建设与移动互联网深度融合的智能公交系统
2017年2月	国务院	《"十三五"现代综合交通运输体系发展规划》	将信息化智能化发展贯穿于交通建设、运行、服务、监管等全链条各环节,推动云计算、大数据、物联网、移动互联网、智能控制等技术与交通运输深度融合,实现基础设施和载运工具数字化、网络化,运营运行智能化
2017年9月	交通运输部	《智慧交通让出行更便捷行动方案(2017—2020年)》	建设完善城市公交智能化应用系统。深入实施城市公交智能化应用示范工程,充分利用社会资源和企业力量,推动具有城市公交便捷出行引导的智慧型综合出行信息服务系统建设。到2020年,国家公交都市创建城市全面建成城市公共交通智能系统
2018年2月	交通运输部	《关于加快推进新一代国家交通控制网和智慧公路试点的通知》	提出6个重点方向:基础设施数字化、路运一体化车路协同、北斗高精度定位综合应用、基于大数据的路网综合管理、"互联网+"路网综合服务和新一代国家交通控制网。试点项目实施省市包括北京、河北、吉林、江苏、浙江、福建、江西、河南、广东
2018年12月	交通运输部	构筑起交通强国建设的"四梁八柱"	构建综合交通基础设施网络体系、交通运输装备体系、交通运输服务体系、交通运输创新发展体系、交通运输现代治理体系、交通运输开放合作体系、交通运输安全发展体系、交通运输支撑保障体系

(续)

时间	部门	政策	主要内容
2019年9月	中共中央、国务院	《交通强国建设纲要》	大力发展智慧交通。推动大数据、互联网、人工智能、区块链、超级计算等新技术与交通行业深度融合。到2035年，基本建成交通强国，到21世纪中叶，全面建成交通强国

6.1.2 智慧交通是智慧城市的重要组成

在维基百科中，智慧城市定义为利用各种信息技术或创新意念，集成城市的组成系统和服务，以提升资源运用的效率，优化城市管理和服务，以及改善市民生活质量。智慧城市把新一代信息技术充分运用在城市的各行各业之中，基于知识社会下一代创新（创新2.0）的城市信息化高级形态，实现信息化、工业化与城镇化深度融合，有助于缓解"大城市病"，提高城镇化质量，实现精细化和动态管理，并提升城市管理成效和改善市民生活质量。

智慧城市通过在人力和社会资本，以及在交通和信息通信基础设施上的投资来推动可持续经济增长和高品质生活，并且通过参与式的管理对上述的人力、社会资本等资源及自然资源进行科学的管理。一些智慧城市建设的先行城市也越来越突出以人为本的可持续创新，例如欧盟启动了面向知识社会创新2.0的Living Lab计划，致力于围绕市民需求将城市建设为各方共同参与的开放创新空间。

智慧交通是智慧城市最重要的组成部分，其发展与智慧城市建设的内在需求相契合。首先，交通污染、交通堵塞是城市病最主要的表现形式，而智慧交通可以有效化解这两种问题，成为有效解决城市交通顽疾的突破口。其次，基于智慧交通的需求和现实压力，各级政府、交通部门已将云计算、互联网等先进技术广泛运用到交通管理工作中。可见，智慧交通必将带动移动互联等新兴行业的发展，进而更好地适应智慧城市建设的需要。

因为城市的复杂性，我们正在面临着很多问题，如爆炸式的城市人口增长、达到扩张极限的城市空间以及层出不穷的城市病，这是一个非线性的、复杂多变的综合性问题，需要在全面统筹下从多维度、多领域求解。城市中的社会问题、经济问题或是环境问题产生的原因不是在单一的子系统内就可以找到的，城市的各个领域，如智慧交通、智慧城管、智慧政务、智慧建筑、智慧旅游、智慧医疗等，本身也是一个复杂的体系，城市作为复杂系统的叠加，其管理的对象、内容以及管理的目标设定、过程设计等方面也显得异常复杂。

由此，优先落地各个领域各个维度的应用，才可能系统性地看待智慧城市的发展规划和管理。而智慧交通就是这个复杂系统中最重要也是应用最广泛的内容之一。所以说，智慧交通是智慧城市建设的先行者。

智慧交通中智慧公交、信息服务、智慧停车等项目的发展，体现了改善民生的特性。因此，可以说智慧交通不但对智慧城市建设发挥了重要作用，而且正以先行者的身份发挥着积极作用。

6.1.3　智慧交通在新冠疫情应对中的应用

2020年的新冠疫情不但给全球数以亿计的民众带来了健康风险，造成数以百万计病患的死亡，还历史性地重创了全球经济。我国政府和人民以决绝的态度在疫情初期采用严控手段，付出巨大的努力和牺牲，有效控制了疫情的传播扩散，保证了经济生活的快速恢复。

实践证明，针对疫情严重地区采取的防控举措效果显著，但同时也会对社会运转产生影响，主要表现在人员出行、货物运输两方面：

1）人员出行受限有可能导致医护人员、环卫工人、物资保障人员等一线工作人员出行不便，如医护人员夜班下班之后无法返回住宿地，病人就医出行困难导致病情加重拖延至重症等，一定程度会削弱抗击疫情工作效果。

2）货物运输受阻可能导致生活物资供应不足，防疫物资到位困难，造成疫区物资保障能力下降。即使疫情缓解后，公众对交通出行也同样心存顾虑。

以5G、人工智能、自动驾驶为代表的新一代数字化技术有效地提升了人们对特殊场景下交通活动的响应能力。

新冠疫情防控要求精准追踪、定位、预测人们出行轨迹，建立数字化信息采集、识别和追溯系统，全面推行铁路、公路、水运、航空旅客运输实名制购票，能够有效提升交通运输治理能力和应急事件响应效率。例如，北京地铁加装了基于 AI 技术的人脸识别和体温检测一体化设备，提高了发热及潜在被感染对象的识别、筛查与分析效率；深圳、兰州、临汾等地在公交、出租车上推行人脸识别设备，进行人、票、证的实名制核验。在客运场站等出入口处及公交车与出租车上加装智能监测终端设备，实现流动场景下体温、图像等信息的采集，可更全面地追溯交通出行信息。此外，随着 VR 技术的发展，可将离散的二维视频与 BIM 三维模型融合，构建实景融合的交通运行场景全态势监控平台，对交通运输场站、城市交通枢纽、收费站、服务区、重要道路交叉路口等出行节点进行虚实融合一体化的交通运行全态势监控，也为加强智慧管理提供了新的方法和思路。所以，"疫情交通"本质上是一种非常态的应急交通，新技术对应急交通保障提供了强有力的支撑。

1. 场景 1：确诊患者的转运

自动驾驶负压救护车可以实现全过程无接触运送，将病人高效运送到就近定点收治医院，避免可能存在的驾驶人交叉感染风险。

2. 场景 2：公共区域的消毒、清洁工作

公共区域，特别是医院等感染风险较高的区域，卫生清洁和日常消毒工作危险系数较高，智能网联无人消毒车、清洁车可独立高效完成消毒和清洁工作，降低作业人员感染隐患和劳动强度，如图 6-1 所示。

图 6-1　无人清洁车进行清扫作业

3. 场景3：疫情期间的物资运输

即使在严控情况下，也可利用完善的智能路网调配自动驾驶货车对物资进行运输，提高调配效率的同时也能有效避免驾驶人的感染风险，如图6-2所示。

图6-2 自动驾驶货车

4. 场景4：疫情期间的公共出行

如图6-3所示，智能网联公交可根据乘客出行需求提前预约定制线路，通过乘客的科学分配和线路车次的优化，大幅降低车内客流密度，减少传播概率。智能网联公交可在预约和乘车阶段验证乘客"身份绿码"，还可通过体温自动感知等手段识别异常，杜绝风险上车并将信息反馈给相关部门。

图6-3 智能网联公交

6.1.4 智慧交通是《中国制造 2025》的重要组成

制造业是国民经济的主体，是立国之本、兴国之器、强国之基。大力推进智能制造是顺应世界制造业发展趋势、培育我国经济新优势的必然选择，也是加快我国经济发展方式转变，促进工业向中高端迈进、建设制造强国的重要举措。《中国制造 2025》就是在这样的背景下经国务院总理李克强签批的战略文件，是中国实施制造强国战略第一个十年的行动纲领。

《中国制造 2025》由百余名院士专家参与制定，为中国制造业未来 10 年设计顶层规划和路线图，通过努力实现中国制造向中国创造、中国速度向中国质量、中国产品向中国品牌三大转变，推动中国到 2025 年基本实现工业化，迈入制造强国行列。它可以概括为"一、二、三、四、五五、十"的总体结构：

"一"，就是从制造业大国向制造业强国转变，最终实现制造业强国的一个目标。

"二"，就是通过两化融合发展来实现这一目标。党的十八大提出了用信息化和工业化两化深度融合来引领和带动整个制造业的发展，这也是我国制造业所要占据的一个制高点。

"三"，就是要通过"三步走"的战略，大体上每一步用十年左右的时间来实现我国从制造业大国向制造业强国转变的目标。

"四"，就是确定了四项原则。第一项原则是市场主导、政府引导；第二项原则是既立足当前，又着眼长远；第三项原则是全面推进、重点突破；第四项原则是自主发展和合作共赢。

"五五"，就是有两个"五"。第一就是有五条方针，即创新驱动、质量为先、绿色发展、结构优化和人才为本。还有一个"五"就是实行五大工程，包括制造业创新中心建设工程、强化基础工程、智能制造工程、绿色制造工程和高端装备创新工程。

"十"，就是十大领域，包括新一代信息技术产业、高档数控机床和机器人、航空航天装备、海洋工程装备及高技术船舶、先进轨道交通装备、节能与新能源汽车、电力装备、农机装备、新材料、生物医药及高性能医疗器械十个重点领域。

可以看出，两化融合的信息化深度融合，反映了智慧产业的重要性；而五大工程中的高端装备创新工程以及十大领域中的航空航天装备、高技术船舶、先进轨道交通装备、节能与新能源汽车等都涉及交通事业的发展。其中和智慧交通相关的内容包括：研发新一代绿色智能、高速重载轨道交通装备系统，围绕系统全寿命周期，向用户提供整体解决方案，建立世界领先的现代轨道交通产业体系；继续支持电动汽车、燃料电池汽车发展，掌握汽车低碳化、信息化、智能化核心技术，提升动力电池、驱动电机、高效内燃机、先进变速器、轻量化材料、智能控制等核心技术的工程化和产业化能力，形成从关键零部件到整车的完整工业体系和创新体系，推动自主品牌节能与新能源汽车同国际先进水平接轨等。所以说，智慧交通是《中国制造 2025》的重要组成。

6.1.5　智慧交通是交通运输供给侧改革的重要推动

2019 年全国交通运输工作会议中明确把交通运输供给侧改革作为 2019 年交通运输工作的重点，其中主要包含两方面值得重点关注的内容：一方面是降成本，主要是降低物流成本；另一方面是补短板，主要是补交通基础设施短板。2019 年交通运输部的 15 项重大政策中，有 4 项直接和智慧交通相关：

1）加快国家综合交通运输信息平台建设，组织开展首批交通大数据融合平台试点。持续推进新一代国家交通控制网、智慧公路等试点。启动建设互联网道路运输综合服务平台，推进道路客运电子客票试点。

2）推动国家交通运输物流公共信息平台升级工作，推动多式联运公共信息平台建设，制定《交通运输关键信息基础设施安全规划》。

3）持续推进自动驾驶封闭测试及标准规范建设，加快推动辅助自动驾驶技术在营运车辆中的应用。

4）推进《综合立体交通网规划纲要（2021—2050 年）》编制工作，突出综合立体、融合发展，构建面向未来的综合交通运输体系。

会议明确指出，交通发展的机会点在于新科技浪潮在交通运输行业的落地，智慧交通是深化交通供给侧结构性改革的重要举措。下一步，要强化支持智慧交通发展的顶层设计，在基础设施智能化升级、数据资源共享、标准规范统一、关键核心技术研发等方面加大工作力度，提升智慧交通发展水平。

6.2 智慧交通仍然面临巨大挑战

6.2.1 智慧交通建设的"三重三轻"

在2019智慧交通产业发展高峰论坛中，深圳市城市交通规划设计研究中心宋家骅提出了智慧交通建设理念存在的问题，即"三重三轻"。"三重"分别是重建设、重监管和重单点，"三轻"分别是轻需求、轻服务和轻融合。这些问题折射出了执行层面和顶层设计之间容易产生的偏差。很显然，加大基础设施建设，加大硬件投入，进行单点突破是发展智慧交通最快速直接的方法，但距离理想、全面的智慧交通还有较大的落差。

《交通强国建设纲要》提到要大力发展智慧交通。推动大数据、互联网、人工智能、区块链、超级计算等新技术与交通行业深度融合。推进数据资源赋能交通发展，加速交通基础设施网、运输服务网、能源网与信息网络融合发展，构建泛在先进的交通信息基础设施。构建综合交通大数据中心体系，深化交通公共服务和电子政务发展。推进北斗卫星导航系统应用。

未来10年，智慧交通产业将进入一个智慧融合的时代，正如2019年全国交通运输工作会议中强调的，围绕智慧交通建设，需要加快国家综合交通运输信息平台建设，开展首批交通大数据融合平台试点；持续推进新一代国家交通控制网、智慧公路等试点；启动建设互联网道路运输综合服务平台；推动国家交通运输物流公共信息平台升级工作，推动多式联运公共信息平台建设。

未来，我们要打通服务通道，需要综合考虑用户需求、服务需求以及融合需求。在这样的新常态下，智慧交通企业应该要借力"发展建设+服务+运营"三位一体的新战略，在立足于项目建设的同时进行深化管理服务，做全民生服务，并通过行业的政企合作、产业联盟、"物联网+"的方式去尝试数据与服务的运营，为城市整体出行提供更高效的服务，为城市居民提供更智慧的服务。

6.2.2 智慧交通应用层面关键技术有待突破

第 3 章提到了车联网、自动驾驶的关键技术，它们都是智慧交通持续升级的重要推动力。除此之外，从应用层面讲，智慧交通的发展还有一些方向需要突破：

1）数据感知。虽然我们现在已经掌握了很多数据，但是仍然还有很多数据是未知的，例如基础设施的桥梁、隧道、边坡等大量数据存在缺失情况，所以要加大传感器、数据采集设备的研发力度，并快速普及。运用海量视频及其他交通传感数据，构建面向交通治理的"人—车—路—环境"全方位实时精准感知体系，支撑城市交通综合治理与规划建设。

2）决策支撑。需要思考在拥有数据后如何决策，如何真正创造价值，降低风险。结合智能识别、大数据挖掘、机器学习、人工智能等技术手段，将海量碎片化交通数据提炼成交通知识图谱，形成可认知的交通信息，为多层次交通分析决策提供有力支撑。

3）综合管控。即针对城市治理者提供综合管控网络。未来城市更多强调治理而非管理，强调政府服务转型、服务协同和创造社会价值，城市发展将突出精明治理、精明增长。未来城市治理体系将凝聚城市战略体系、空间规划体系、公共政策体系、智慧交通支撑体系和治理机制体系为一体，更加关注交通需求的精准管控、交通管理的精明控制和交通服务的个性提供，以寻求城市治理的突破点，提升未来城市智慧化治理水平。

4）GIS 技术的应用和发展。将 GIS 升级纳入设计的考虑要素中，例如 BIM（建筑信息模型化）向 DIM（区域信息模型化）和 CIM（城市信息模型化）的发展演绎，就从建筑层面的三维建模拓展到区域层面和城市层面，建立了城市层面的三维立体模型，这样就可以支持建筑师和规划师在城市范围内对包括车流、交通拥堵、能源、自然灾害等管理方面的仿真模拟，为智慧交通提供更好的解决方案。

6.3 结语:行则将至,做则必成

在 5G、人工智能、大数据、云计算等一系列技术的加持下,交通的智慧化转型正从过去单一系统的信息化、数字化,转变为在智慧交通的更高框架、更大范围下,跨系统、跨边界、跨业务的高效协同。

智慧交通场景千差万别,但技术架构是有共性的。一个整合的数字平台可以支持有实力的行业生态,围绕交通类型的个性化需求敏捷开发、迭代运营,让有追求、志存高远的交通管理者的愿景变得触手可及。

智慧交通建设需要更智慧的方式,它不是一步到位的项目,而是一个长期持续的建设过程,从顶层规划、平台先行、联合创新、敏捷迭代,再到持续运营,是智慧交通建设一条可行的路径。

21 世纪的第二个十年,5G+智慧交通已经上路。路虽远,行则将至;事虽难,做则必成!

参 考 文 献

[1] 李正茂,王晓云,张同须,等. 5G+:5G 如何改变社会[M]. 北京:中信出版社,2019.

[2] 本刊编辑部. 交通强国,任重道远,科技赋能,智慧交通[J]. 智能建筑与智慧城市,2020(10):6-12.

[3] 张明进,杨阳. 以科技创新成就内河航运高质量发展[N]. 中国交通报,2020-07-09(2).

[4] 赵娜,袁家斌,徐晗. 智能交通系统综述[J]. 计算机科学,2014,41(11):7-11.

[5] 王志勤. 推动 5G 协同应用,助力交通运输新基建[N]. 中国交通报,2020-09-01(8).

[6] 杨东援. 从智能交通走向智慧交通[J]. 交通与港航,2019,6(6):1-2.

[7] 杨兆升. 智能运输系统概论[M]. 北京:人民交通出版社,2005.

[8] 刘刚,蒋贵川. 智慧交通系统的总体框架体系[J]. 中国交通信息化,2019(11):86-89.

[9] 王同军. 中国智慧高铁发展战略研究[J]. 中国铁路,2019(1):9-14.

[10] 何华武,朱亮,李平,等. 智能高铁体系框架研究[J]. 中国铁路,2019(3):1-8.

[11] 李智,吴鼎,詹念武,等. 一种基于 5G 的智慧交通基础服务平台[J]. 信息通信,2020(1):220-221.

[12] 吴昊. 北京"智慧地铁"创新发展的探索与实践[J]. 铁路通信信号工程技术,2020,17(3):77-82.

[13] 杨蓉. 北京大兴机场探路 5G 智慧出行[J]. 计算机与网络,2019,45(19):12.

[14] 张紫璇,黄劲安,蔡子华. 5G 通信定位一体化网络发展趋势探析[J]. 广东通信技术,2019,39(2):41-45,70.

[15] 梁怡兰. 无线通信基站定位技术研究与应用[J]. 大众科技,2018,20(3):

5-7.

[16] 张彤. 大数据背景下智慧物流业务体系构建与运营［J］. 商业经济研究，2019（21）：86-89.

[17] 任芳. 5G全方位推动物流业智慧化发展［J］. 物流技术与应用，2019，24（7）：66-69.

[18] 刘子闻. 5G助攻智慧物流加速前行［J］. 上海信息化，2020（5）：27-29.

[19] 杨吉华. 智慧城市交通规划和智能城市规划的协调关系研究［J］. 智能建筑与智慧城市，2018（1）：24-25.